JN222251

仕事ができる人の心得

【改訂4版】

株式会社武蔵野
代表取締役社長

小山 昇

CCCメディアハウス

は じ め に

　「○○さん、ビールを買って来てください」とお願いされて、お酒やウイスキーを買ってくる人は、どこの会社にもおりません。

　なぜでしょうか？

　物には、その会社で使われる共通言語があるのに、日常使われる言葉には、決められた定義があんがいなされておりません。これが、社内を混乱させている原因ではないかと気がつきました。

　株式会社武蔵野用語解説は、平成元年度株式会社平林（現在はセラテックジャパン株式会社）の経営計画書解説をヒントにし、27項目作成しました。その後、私自身の64年間の体験をまとめたものです。

　当社ではすでに、「経営用語解説」をテキストとして25年間活用しています。当社での活用方法を紹介しましょう。

　1か月に1回、朝8時から9時まで、会場とオンラインにて勉強会を行います。当番制でリーダーとなって、ランダムに15〜20個くらいの用語を全員で声に出して読み、私が1つずつ解説を加えていきます。ここで話す事例はすべて、当社で過去にあった事実ばかりです。幹部社員の入社時のエピソードや幹部になってからの失敗談は、社員にとっては蜜の味です。それに私の体験談も加わります。

　最も大切なことは、私の解説が終了したあと、全員がそ

れぞれ勉強になったことを1つ選んでコメントすることです。ほとんどの人がよいことを言います。朝早くよいことを言うという習慣は、心の素直な人間をつくるのです。最初は何を意味しているのかわからずチンプンカンプンだった話も、自らの体験が増えるにしたがって、「なるほどそういうことだったのか」と気づくことができるようになり、感性を磨く場にもなるのです。各自のコメントの中に成長を感じることは、私にとってこの上ない喜びです。

　それぞれの活用法で皆様のお役に立てれば幸いです。

2012年5月吉日

小山昇

装丁 ―― 文唱堂印刷株式会社
　　　　　CSGクリエイティブチーム
校正 ―― 株式会社文字工房燦光

【愛】 0001

関心をもつことです。

【挨拶】 0002

コミュニケーションをよくするための、一番重要なことです。挨拶は相手より先に元気よく、明るく大きな声でするものです。相手が立っていたら自分も立って、座っていたらかがんで目線を合わせる。

【愛社精神】 0003

創業者（藤本寅雄）、お客様、先輩社員に対して感謝の気持ちをもつことができ、感謝の気持ちをもって創業社長の名前を呼べるようになるとお客様に信頼される。

【ＩＴ】 0004

インプットはデジタルで、アウトプットはアナログで。

【ＩＴ化】 0005

①ＩＴ機器を入れることではありません。現業を強化する手段です。自社の強いところをＩＴ化する。弱いところは効果がでない。ＩＴスキルは私用で使うことで上がる。

②アナログで成果が出ていることに絞ってデジタル化する。

③アナログとデジタル、それぞれの特徴を活かして使い分ける。

④自社、他社のうまくいっていることをそのまま真似する。

【ＩＴ機器】 0006

「……ができる」ことよりも、「……として」使える利用技術が重要です。

【赤字】 0007

社長の甘えです。社長が赤字になってもよいと決定したからです。罪悪です。赤字は絶対に避けるという意識をもって、1円たりとも損をしないようにする。

【赤字会社】 0008

社員が挨拶をしない。赤字が続くことは、自分の職場がなくなることです。

【赤信号】 0009

天が与えてくれた好機です。ちょっと立ち止まって、一度、自分の人生を真剣に考える時です。

【明るい】 0010

虫と同じように人が集まる。物がきれいに見える。防犯上もよい。

【空家】 0011

前に住んでいた人と、同じくらいの年収の人が引っ越してくる。

【あきらめる】 0012

ありとあらゆる努力をしてもできない時です。済んでしまったことは、くよくよしないことが大切です。投げてしまうのは最悪です。

【悪影響】 0013

やる気のない人が参加すると、やる気のない波動がほかの人にも伝わってゆく。

【アクション】 0014

私たちは神様ではないです。普通の人です。その普通の人

間が、何のセオリー（理論）もなく、設計図も計画もなく行動を起こして、人様より豊かな生活を求めること自体が、土台むちゃな話です。それでも、行動しなければ何も始まりません。

【悪天候】 0015

訪問客が少なく、お客様とお話ができる時です。雨の日は、少々服が濡れてもよい。暑い時は、汗をだらだら流して訪問する。寒い時は、寒さを表して訪問する。

【朝の時間】 0016

最も個人差が出ます。当日の計画・準備をテキトーにした人が成果を上げる。

【汗】 0017

お金に換わる。スポーツも仕事も、汗をかかない人に成功はない。

【アセスメント】 0018

半期に一度、事業部と各チームの過去半年間の施策を振り返り、和談をしながら進める。組織の対話レベルが上がる。コミュニケーションが深まる。新たな施策を決めて実行計画に施策を書いた付箋を貼り出す。

【汗と涙と喜びの共有】 0019

①努力して頑張り、成功した人には、おめでとうコールをボイスメールで送ろう。

②ミスした人には、なぐさめと励ましをコールしよう。

③成功した人には、やり方を教えていただきましょう。

④きまぐれでも、成功した人は、ノウハウを仲間にも公開

しましょう。

【焦り】 0020

理想と現実が離れすぎている時に起きます。事の解決を急ぐあまりに生じるマイナス感情です。悩みの元凶です。原因は準備不足です。

【遊ぶ】 0021

「働く」と同じ次元です。「さぼり」とは違います。

【温かい組織】 0022

部下が上司に従うのは、魅力という情のウエイトが高いからです。情のない組織は、規則やシステムを数多く設けて社員を従わせようと工夫するが、むしろ冷たい関係になって、個人無視、自由度のない経営を進めることになる。人間が息苦しいと感じるような経営は長続きしません。

【頭】 0023

メモリーカードと同じで、容量は誰でも同じです。使えば使うほど体験が増えます。使用回数が増加すると知識が増える。

【頭がいい】 0024

学校の勉強ができたとか、成績がよいということではありません。物事を正しくつかみとる力と、すぐれた感性を備えている人です。

【頭の回転】 0025

頭を使って数字の計算をすると速くなる。論理的になる。

【新しい】 0026

組み合わせが変わることです。今日新しいということは、

明日１日で古くなるということです。いつまでも新しいと
思ってはいけません。

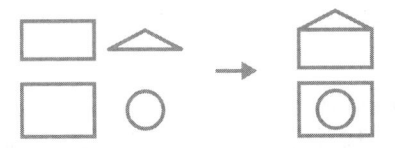

【新しいこと】 0027

できるかできないかはやってみないとわからない。人はや
らせてみないとわからない。物は売ってみないとわからな
い。**やってから文句を言う**。やる前に言わない。実施後
Ｐ・Ｄ・Ｃ・Ａのサイクルを回す。

【新しい仕事】 0028

最初は並の人の**３倍の時間がかかる**。日がたつごとに、か
かる時間が短くなる。

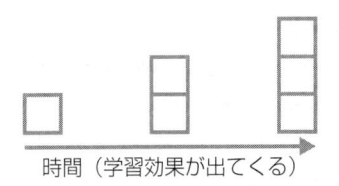

時間（学習効果が出てくる）

【集まる】 0029

物高く買えば物集まり、物安く売れば人集まる。人集まる
ところにさらに人が集まる。

【後始末】 0030

きちんとできれば一人前です。始めることは誰でもできる
が、幕を引くのは並大抵の努力ではできません。中途半端

になりやすい。

【あとで】 0031

実行しないことです。油断することです。そして期日直前になり、焦って上手にできません。

【アドバイス】 0032

本人が心の底から納得せず、その気になっていない時は、いくらアドバイスしても無駄です。

【穴熊社長】 0033

社長室に閉じこもり、新聞を読んだり、ネットを見たりしている社長のことです。社長の欲しい情報はお客様のところにしかない。社長室には成果はない。

【アナログボード】 0034

自分たちで、数字をアナログで掲示することで競い合う。成果につながる。

【アピアランス】 0035

身だしなみ。容姿や見た目、衣服など見苦しくないように気をつける。オシャレとは別。

【アピール】 0036

直接本人にすることです。

【アフターサービス】 0037

前向きな営業です。お客様に言われてから行っても効果は薄いし、お客様に喜ばれない。担当者を決め、ルートを組んで定期的に訪問すると、スケジュールを組みやすく、生産性が高い。**差別化の要因です。**

【アプローチ】 0038

訪問・電話・ダイレクトメールの３つしかありません。

【アポイント】 0039

お客様の都合もあるので、事前に電話で確認をとる。断られるかもしれない不安から、電話をしないで突然訪問すると、お客様から都合も考えていないと迷惑がられる。

【甘い】 0040

自分の弱さの証明です。教育・指導する上で、決めたことを守らない時に大きな体験をさせないと成長させられない。

【甘辛調整】 0041

プロセス評価は上司によって基準が異なるので、部長の目線で部門間調整を行い、公正に評価する。

【甘さ】 0042

遊びだからといって、馬券などを買って負ける人は、仕事の時もやっぱり負ける。勝負に本気も遊びもない。痛い目にあわないと治らない。

【アマチュア】 0043

自分の仕事に責任を感じない人です。同じ失敗を繰り返しても、ヘラヘラと笑っていられる人です。

【誤り⑴】 0044

大きな誤りは自分でもわかるが、小さな誤りは自分では気がつかないので、その都度注意する。

【誤り⑵】 0045

決定にはつきものです。恐れたら何もできないし、誤りを犯さない人（社長）など絶無です。大切なことは、誤りを

犯さないことではなく、誤りを素早く発見してこれを正すことです。**誤りを恐れて決定が遅れ、チャンスを逃すのが一番恐ろしい。**

【謝る】 0046

誤解されて非難されても、それが人の命にかかわるようなことでない限り、言い争いはせずに謝っておくとうまくいく。時間をあけたらダメ。すぐに行くことです。電話で怒っていても顔を出すと、先方の態度が違ってきます。**教わりにいくことです。**

【粗探し】 0047

追及をすることでモチベーションを落とさせる。

【粗利益】 0048

売上高から、商品の仕入れ代金・材料費などを差し引いたものを言う。優秀な会社は、売上よりも重視する。

【粗利益額】 0049

会社の実力です。

	A社	B社
売上	100億	30億
粗利益額	15億	21億

A社よりもB社のほうが大きな会社です。

【粗利益率】 0050

売上に占める粗利益の比率を言う。商品の組み合わせと**数量**によって変わる。量が質をつくる。扱い数量を増加させれば、粗利益率は上がる。

商品名	単価	仕入	粗利益	粗利率	数量	売上	粗利益額	粗利益率
A	120	40	80	66%	10	1200	800	
B	120	80	40	33%	20	2400	800	
計						3600	1600	44.4%

↓ **売上は同じでも数量を変えるだけで、全体の粗利益率は大きく変わる。**

商品名	単価	仕入	粗利益	粗利率	数量	売上	粗利益額	粗利益率
A	120	40	80	66%	20	2400	1600	
B	120	80	40	33%	10	1200	400	
計						3600	2000	55.5%

数の多い商品は粗利益率を重視し、数の少ない商品は粗利益額を重視する。

【ありがとう】 0051

①口だけでなく、体でも喜びを表す。握手するとか、手を添える。

②カウンター越しなどではなく、前に出てお礼を言う。

③お客様や上司に言われるとうれしい言葉です。言っていただけるような仕事をする。

【安易】 0052

過去の延長線のままで生きていくことです。自分が一番行きたくないと思っていたところへ、結果として行くことになります。

【安心】 0053

手を抜き始め、物事がダメになる出発点です。

【安全】 0054

危険な作業や施設をなくす。そして危険を未然に防ぐ方策を講じる。現代は水と空気と安全はタダではない（海外旅

行で高級ホテルに泊まるのは命を預けているからです）。

【安定】 0055
同じお客様に繰り返し買っていただくことです。

【アンバランス】 0056
成長する時に起こる一時的な現象です。**バランスがよくなると会社の成長は止まる。**

【いい上司】 0057
①情熱にあふれている。②業務に関する知識・能力にすぐれている。③業務以外の知識がある。④健康でタフ。

【言い訳】 0058
適当にごまかすことです。できない理由を述べる。自己防衛で、**自分が無能であることをアピールしているのに気づかない人のやることです。進歩の敵です。**

【意外な事実】 0059
自分の思っていることと違うと拒否する。

【粋】 0060
お金を生かして使うことです。ある特定の分野で（一点集中）無駄金を使ったことがない人は到達できない。「のめり込む」とは違います。
一生の間に使った金額が多い人のことを言う。死んだときに一円も残っていないのが理想。**中途半端な財産を残すと、残った家族で争いが起きる。**

【勢い】 0061
実力をはるかに超えて勝ち続ける会社（チーム）には、負けるわけがないと信じて戦っている人が大勢いる。どんな

に劣勢に陥っても、いつかは引っ繰り返してやるぞと本気で思い込んでいる。そして本当にそのとおりに勝ってしまう。

【生きがい】 0062

働き盛りの時期を無意味に過ごすのでなく、情熱的に生きることです。人のお役に立っていると思える仕事があることです。

【生き字引】 0063

なんでもその人に聞くことになり、発展性を妨げる。ベテランに多い。

【行きづまる】 0064

物事が飽和状態になり、**新しいものが出てくる時です。**

【生きる】 0065

夢を実現することです。

【育成】 0066

結果を出させる。結果が出ていることをそのまま真似させる。簡単な仕事から少しずつ任せていくことです。1人で自立した仕事（始めから終わりまで）ができ、成果を上げられるようにする。最初に手抜きをすると、あとでなおすのに多くの時間がかかる。

【意見】 0067

現場の声は前向きに聞いてあげる。そうしないと人が辞める。**よい意見は本人に実行させる。**真剣になって実行する。

【意見具申】 0068

①社長が受け入れやすい状況とタイミングを考慮する。

②自分の意見に対する反対意見もある程度予想して、それに対する答えを考えておく。

③不備を指摘する声には素直に耳を傾け、納得できればすぐに修正する。

④聞き入れてもらえない時でも、自分が正しいと判断したら、時間をおいて再度言う。これを何度でも繰り返す。

⑤イヤな顔をされる時もあるが、それで評価が変わることはない。

【居心地がよい】 0069
お客様が財布をゆるめる。

【意識革命】 0070
新しい体験を強制的にさせると起こる。すぐれた作業法を体験・体得させる。

【意思決定】 0071
目標にそった選択のこと。目標のない選択を「気まぐれ」と言う。**原理・原則に従ってやるのが一番。**

【意思表示】 0072
お客様が時計を気にしだしたら「帰れ」の合図です。

【いじめ】 0073
成績がよくなるといじめられる。でも成績が他を圧倒するとなくなる。**出る杭は打たれる。出すぎた杭は打たれない。出ない杭は腐る。目立つ杭は抜かれる。**

【ＥＧ】 0074
エマジェネティックスは、遺伝と経験からなる人の個性を、４つの思考特性と３つの行動特性を表すエマジェネティッ

クスプロファイルを通じて理解していきます。このプロファイルを活用することで、個人や組織のコミュニケーション能力を飛躍的に向上させ、自己理解、組織理解へと深めていきます。

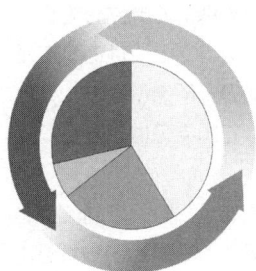

EMERGENETICS® | PROFILE

小山 昇 – 2016年9月27日

思考と行動のスタイル

分析型 = 29%
- 明確な思考
- 論理的に問題を解決
- データを重視する
- 理性的
- 分析することで学ぶ

コンセプト型 = 41%
- 創造的
- アイデアが直感に浮かぶ
- 視野が広い
- 変わったことがすき
- いろいろ試してみる

構造型 = 7%
- 実用性を重視
- 説明書はしっかり読む
- 新しい考え方には慎重
- 予想できることを好む
- 自分の経験にもとづいて判断

社交型 = 24%
- 相手との関係を重視する
- 社会性を重視する
- 同情しやすい
- 人に共感する
- 人から学ぶことが多い

一般人口との比較

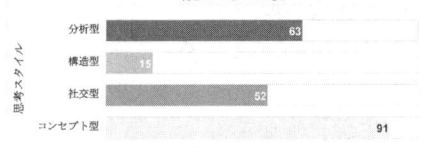

思考スタイル
分析型	63
構造型	15
社交型	52
コンセプト型	91

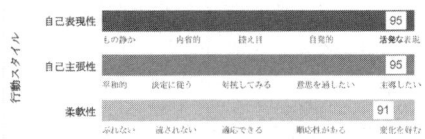

行動スタイル

自己表現性 **95**
もの静か／内省的／控え目／自発的／**活発な表現**

自己主張性 **95**
平和的／決定に従う／対抗してみる／意思を通したい／主導したい

柔軟性 **91**
ぶれない／流されない／適応できる／順応性がある／変化を好む

一般の数値　0　10　20　30　40　50　60　70　80　90　100

© Emergenetics, LLC, 1991, 2017 Geil Browning, Ph.D. / Wendell Williams, Ph.D.

info.asia@emergenetics.com
www.emergenetics.com

【忙しい】 0075

目先の仕事ばかりやる人が陥る。計画性がない、暇な人ほど忙しいと言う。急ぎの仕事は忙しい人に頼むとよい。

【急ぎ】 0076

時間に追われている時にはいつもの道、時間に余裕がある時には早道を行くのが鉄則です。

【急ぎ注文】 0077

取引先が価格を決めないで発注してきても、それは価格がいくらでもよいということではありません。手配するまでに必ず相手に価格の了解を得ておくことが大事です。あとでトラブルになって困るのはこちらです。

【痛み】 0078

①知らないと、危なっかしくて見ていられない。だが、2、3度経験すると安心して見ていられるようになる。②知ると、人を思いやることができるようになる。

【一行一データ主義】 0079

①データ加工をやり易くしている。②仕事の流れに沿ってデータ加工ができる。③データを殺さないことが大切。

【一情報一枚主義】 0080

メモは一枚に情報を一つにする。情報の環境整備です。ふせんも一枚一データ。

【一人前】 0081

苦しい体験を乗り越えて、仕事の本当の楽しさがわかった時に達する。

【一流】 0082

長所・短所を分析し、長所を伸ばす提案をする人です。

【一騎打ちの法則】 0083

Ａ軍５名、Ｂ軍３名→２人多いＡ軍の勝ち。数の多いほう
が勝つ。戦略地域と攻撃目標の決定に役立つ。占有率が高
いと勝つ。兵力の多いほうが勝つ。敵の強いところは攻め
ない。

```
  A軍              B軍
  ○ ———×——— ○
  ○ ———×——— ○
  ○ ———×——— ○
  ○
  ○
  ２人多いＡ軍の勝ち
```

必勝の法則 ３対１

```
  A軍              B軍
  ○ ———×——— ○
       見張り
  ○ ┄┄┄┄×┄┄┄ 援軍
  ○
  Ａ軍の余った１名の勝ち
```

圧勝の法則 ４対１

【一致団結】 0084

一人一人違った価値観をもった人が集まっているから、求
めるほうが無理。心を一つに合わせることができない人
が出てくることを、予定に組み込んでおくことが大切です。

行動だけ一致すればよい。木は形が違っても、燃えれば同じ熱量になる。

【5つの情報】 0085

経営判断に必要な情報。①実績報告、②お客様の声、③ライバル、④本部・ビジネスパートナー、⑤自分の考え。

【言ってはいけない】 0086

①俺は知らない！（ボイスメールで知らせます）聞いていない！（協力してください。いちいちやっていられない時もあります）②それは無理です！　不可能です！（生きるための条件です。やらなければならない）

【イデオロギー】 0087

歳とともに変わるのが普通の人です。

【異動(1)】 0088

納得することはない。やり残したことがあると思うのは、今までやらなかったからです。

【異動(2)】 0089

解約になりやすい。引き継ぎや挨拶を十二分にしないといけません。連絡をきちんとすることです。

【移動】 0090

疲れは移動距離に正比例、時間に反比例する。

【移動時間(1)】 0091

人にじゃまされずに勉強ができる時間です。活用の仕方で差がつく。ノートパソコンやiPadで計画を立てたり、報告やスケジュールの見直しをする。歩いている時間はスマートフォンでボイスメールを聞く。

【移動時間(2)】 0092

どう使うかで成績に差が出る時間です。

【命】 0093

与えられた時間を精一杯**生きる**ことです。

【命取り】 0094

自分自身のおうようさの中にある。そのうちなんとかならない。

【イベント】 0095

なんのためにやるのかをハッキリさせる。業績アップにつながるものでないと意味がない。練りに練って仕かけて、即効的な反応を自分の目で見るのは、実に楽しいことです。

【イメージ】 0096

お客様の深層から、この会社（人）は悪い会社（人）だなどと固定化してしまったイメージを消し去ることは至難である。イメージとはそういうものです。**お客様は一瞬の出会いの、そのシーンを想いだしてすべての判断をする。**

【イヤなこと】 0097

すぐ忘れることです。何か事をなす人は気分転換の速い人です。

【意欲】 0098

人間は自分のためになる時、最もやる気になる。

【依頼】 0099

上司から期待されている。できそうもない人には頼まない。

【イライラする】 0100

時間的余裕があるからです。本当に物事に熱中していたら、

時間を追いかけるので精一杯です。

【居る気の社員】 0101

相対評価する上で一定数必要。昇進の情報を与え続ければ、10年以内に覚醒（かくせい）する。

【色】 0102

色はそれだけで言葉です。業務の進捗・改善を進める。「見える化」に力を発揮する。

【インストラクター】 0103

新人に終日同行し、お客様対応や精算業務、翌日の準備のイロハを教えるのが役目。

【引退】 0104

負けても悔しさがなくなった時です。年老いた幹部が会社のためにできる**最後の大仕事**です。

【上の人】 0105

現場を知らなさすぎる。定期的に現場に行くシステムを自分でつくらないと化石になる。

【動く】 0106

変化が起きる。**頭で考えるだけでは何も変化しない。**

【嘘】 0107

一生懸命隠していても、結局どこか意外なところからバレることになります。クレームも同じです。

【打ち合わせ】 0108

始業前に行う。就業中はお客様の都合に合わせて行動する。お客様と親しくなるための人間関係づくりの方法を、上司とマンツーマンで打ち合わせる。

【器】0109

上司の言ったことを理解しようとしてもダメ、やってみないとわからない。部下とは上司と器の大きさが違う。部下の器の中には入りきらないから、なかなか理解できないのが当たり前です。器の大きさの差が、部下の成長できる余地です。実行してみて器が大きくなる。

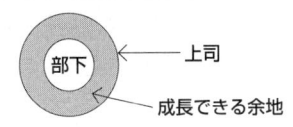

【腕前】0110

お客様は技術を評価してくれない。お客様の要求を満足させているかどうかがモノサシです。

【うぬぼれ】0111

あなたがいなくても会社はつぶれない。あなたがいるから下が育たない。これがみんなの命取りになる。

【うまくいっている】0112

問題がないことがいいわけではない。むしろなんの問題もないように見える時にこそ、将来の墓穴を掘っていることが多い。

【裏切り】0113

人間の性（さが）です。自分のことのほうが大切だから、必ずあるものです。

【売上】0114

市場活動のモノサシです。収益のモノサシは粗利益額です。売上が増加しているのは、社長の考えとお客様の考えが一

致しているからです。

【売上増】 0115

お客様の増加が一番の早道です。

【売上単価】 0116

企業の命運を左右する、**社長の決定事項**でなければならない。値引きを営業マン任せで、放任することは極めて危険です。売上単価、値引きの戦略は、全社一律ではなく、部門別、商品別に、お客様の動向を見極めながらの個別対応が必要です。

【売上不振】 0117

売るための努力をしていないか、売れる商品を仕入れていないからです。または、品切れを起こしているからです。

【売掛金】 0118

売上の成長以上に売掛金が増えていないかをチェックする。売上は増やすが売掛金は増やさないのが正しい。

【売り場効果】 0119

一番売れている物を30%増やし、売れていない物を30%減らすとよい。

【うるさい】 0120

できるまで、やるまで言わないと思うのであれば、途中で絶対に口をはさまない。中途半端なアドバイスは、言われるほうは本当にうるさいと感じる。

【売れ筋】 0121

仕入伝票を元に、仕入年計を見ればよい。また、**売り場を見て歩き、ライバル店と自店で欠品しているものが売れ筋**

です。仕入を増やし、売り場のフェイスを増やす。

【売れている】 0122

売れている物は店頭にも倉庫にもない。倉庫に商品がたくさんあるのは、売れていないからです。

【売れる】 0123

①ニーズがあるのと購買力があるのとは違う。②欲しいのと買えるのとは違う。③ポルシェが欲しいと思う人は買えないが、高級車ならなんでもいいと思う人は買える。④**よい物が売れるのではない。売れる物がよい物です。**

【浮気】 0124

一度したら元の鞘（さや）にはおさまりにくい。お客様も他社にとられると、また元に戻すのに時間がかかる。

【噂（うわさ）】 0125

世間の口はふさぎようがない。人の思惑を考えて行動していたら、1日ものどかに暮らせない。

【うわすべり】 0126

上司が新しい部下に対して、**このくらいはできるだろう**と思うことです。できないと思って、チェックリストを使いながら指導する。

【運】 0127

不平等です。強い者の周りに、自然と集まってくる。運は自ら呼びよせる。「そうは言っても」とか、「そんなことはない」と言う人には運のつきようがない。運のいい人、いい会社、いい物など、運がいいと思うものと付き合えば、自分にも運がつく。運がつくことを「ツキ」と言い、運が

なくなることを「運の尽き」と言う。

【運転】 0128

車は常にきれいにしておくことです。それが、無事故、安全運転につながります。

【運転資金】 0129

短期的には、売掛金と棚卸商品がすべてです。

【運命】 0130

誰と出会ったかで決まる。**現在の自分の人格にふさわしい出会いしかない。**よくするには、自分を磨くことです。

【絵】 0131

言葉や文章よりも情報量が多く、わかりやすい。ひと目でわかる。記号はそれだけで言葉です。

【ＡＩ】 0132

時代の先駆。ビジネス向けの生成AIツールは、コンテンツ作成やデータ整理、解析などの効率化ができる。ただし、全て頼ることはしてはいけない。あくまで業務効率化のために扱う。

【営業】 0133

次の訪問ができるようにしてくることです。

【営業案内】 0134

電話・ファックス番号は大きな字で見やすく、表に刷る。開いて渡してはいけない。売り込みになる。暇な時に見てくださいと言って、半期ごとに置いてくると気になって見てくれる。中身は35％変えるが、表紙は毎回変える。そうしないと新しく作成したことが伝わらない。

【営業活動】 0135

商品をお客様に知っていただく活動です。営業活動には、計画やスケジュール管理が欠かせません。デスクワークは20%が基本です。

【営業経験】 0136

会社は、とどのつまり「売ってなんぼ」の世界です。どんなによい商品でも、売れなければなんにもなりません。**売れた経験のある人だけが商品を売ることができるし、売る人も育てられる。**

【営業スキル】 0137

お客様に理解していただき、契約まで導く能力です。データ収集を基にした仮説検証を繰り返して身につくものです。

【営業責任者】 0138

会社の方針を実施する部隊長です。勤務時間の70%は現場にいる人です。

【営業報告】 0139

iPad・iPhoneを使い、人に付きやすい情報をお客様ごとに「マイページ」（261ページ参照）に時系列で蓄積する。①数字、②お客様情報、③ライバル情報、④取引先の情報、⑤自分の意見、の５点でよい。

【営業マン適性】 0140

テストでパターン化はできるが、それで営業成績が上がるわけではない。**行動計画と上司のチェックで決まる。**

【営業マン】 0141

お客様に一番近いわが社の代表者です。営業マンが16人い

る場合、自分は16分の1ではなく16人の代表です。したがって、自分1人くらいダメでも他の15人がよければ良いという考えを持たない。

$$16 - 1 = 0$$
$$0 + 1 = 16$$

【営業利益】 0142

お客様数の増加、商品、売価、粗利益、営業力、販売力が売上と利益に直結する。業績と関係がないところには手を打たない。

【永続】 0143

儲かる会社より、**つぶれにくい会社**をつくることです。

【栄転】 0144

人が見てイヤだなと思うところに行かされることです。同期の人よりも、結果として出世が早くなります。

【笑顔】 0145

笑顔は無料でも、無限の価値がある。笑顔は相手に対する**好意・歓迎の意思表示です。**無愛想な表情では心が伝わらない。笑顔は、最も価値のあるサービスの1つです。

練習しだいで誰でも美しい笑顔になれます。どうしてもうまくできない人は、職業を変えたほうがよい。

【エゴ】 0146

コミュニケーションを壊すものです。相手の心が開かない。

【えこひいき】 0147

計画性のない人の行動です。本人にはこの自覚がまったくない。いつも自分の気の合う部下とばかり同行する。同行

されない部下は腐る。部下からえこひいきと思われないようにするためには、事前に同行スケジュールを明示することです。

【X理論Y理論】 0148
人間は生来、仕事が嫌いな怠け者でムチで追われないと働かないというのがX理論。人間が仕事に励むのは当然で、条件しだいでは自ら進んで働き、責任を負うというのがY理論。環境と自分の意志しだいでどちらにも偏る。

【エナジャイザー】 0149
人と組織の活性化をはかる適性検査です。この診断ツールを使えば、人材育成や人材配置への活用や採用試験、組織風土の解析等に役立てることができます。部下指導や人事異動の参考にする。→詳細は303ページ参照

【A評価】 0150
不満を言っている人にはとれない。

【M&A】 0151
時間と開発ノウハウを買うことです。

【MG】 0152
社員教育の道具としては素晴らしい。楽しみながら経営が学べる。唯一のネックはお客様を開拓できないこと。
関連【企業方程式】（62ページ参照）

【MQS】 0153
武蔵野クオリティスタンダードの略。JQA（日本経営品質賞）で武蔵野の強みとして評価されたことを基に、経営サポート企業様の経営品質向上の基準としてもらう。

【ＡＢＣ分析】 0154

重点的に管理するための分析手法。品目が多い商品の場合、ＡＢＣの３クラスに分け、効率的な管理をする仕方です。普通はグラフにするが、ヨコ軸に商品名を、タテ軸に効果をとり、結果の数値を大きい順に並び変えたときの累計パーセントを計算し、グラフにプロットして曲線を描く。この曲線をパレート曲線という。普通、75％、95％で区別し、Ａ、Ｂ、Ｃに分別して、ウエイトの高いクラスを重点管理する。

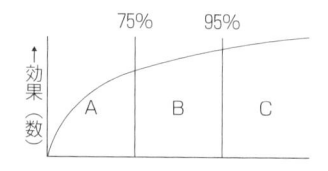

【ＭＧの赤チップ】 0155

業績が厳しい時ほど販売力と営業力の強化を行う。現状維持はいずれ先ぼそりする。

【宴会】 0156

会場設定と事前準備で、盛り上がり方が決まる。

①会場はできるだけ小さな部屋にする。②出し物は、最初は全員が知っているものがよい。③道具は単純なものほどよい。④**服装は全員同じ。**例：丹前、浴衣の中に一人でもトレーナーの人がいると一体感が出ない。⑤頭を使うことをやると、座がしらける。⑥**みんなが同じことをやるから盛り上がる。**

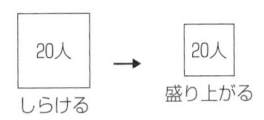

20人 → 20人
しらける　　盛り上がる

【演技】 0157

最初はぎこちなくても、**繰り返しているうちに実力になる。**そして、向上していくものです。

【援助】 0158

人のためによかれと思って手を差しのべると、無気力な人間をつくりだし、結局は世のためにならないから要注意。

【円満】 0159

自分が悪かったと言える家庭（会社）です。自分がよくて、相手が悪いという家庭（会社）はトラブルが絶えない。

【大口取引】 0160

部門によって基準は違うが、幹部が、担当者が商談しやすい状況をつくりサポートすることが大切です。**幹部が開拓し、営業担当者がこれを守る。**

【おかしい】 0161

何もわかっていないあなたがおかしいのです。

【お金】 0162

入ってくるものでなく、出ていくものです。**1ヵ所に集めると威力を発揮する。**さみしがりやなので、あるところに集まる。

【お金がない】 0163

お金がないのは必要がないからです。必要ならば向こうから来ます。必要がないのに貯めると、悪銭身につかずでよ

くないことが起こってしまうものです。

【お金の決裁】 0164

お金の動きは人の動きです。稟議書を通して、社員の行動が見られる。金額より動きを重視する。

【お金の棚卸し】 0165

①毎日、社長にメールで報告する。②２月・８月に各銀行の残高表を社長に提出する。③３月・９月に資金移動して確認する。

【置き方】 0166

①物の置き場を決め、名前・数字を付けて管理する。②水平、垂直、直角、直線、平行、頭揃え、大きい順、小さい順、とする。高さも揃える。③物を置く位置は、使用頻度・販売数量に応じて決め、定期的にその位置をチェックする。④物を探す時間・戻す時間を最少限化する。⑤**形が揃えば心が揃う。**

【お客様】 0167

わが社にとって一番大切な人です。過去の実績、人間関係は通用しない。**無警告で離れる。今日、今の対応を判断されるので、お客様の不満にはすぐに対応する。**

【お客様情報の共有】 0168

部門ごとの会議で、意見や苦情を関係者が共有する仕組み。現場からのお客様の声・クレーム・問い合わせを店長会議・ＺＯＨＯ（テキストデータで）にて共有する。

【お客様情報の収集】 0169

部下の報告を収集する仕組みで、必要に応じて指導を実施

する。店長・部長が進捗会議にて共有する。

【お客様第一主義】 0170

お客様にとって、わが社がなくてはならない存在になることです。お客様にわが社を**優先順位で、ナンバー・ワンに**していただく努力をすることです。

【お客様の声を聞く】 0171

悩んだらお客様に教えてもらう。お客様は日々、進化しています。私たちより最新情報を持っている。結果、あなたのファンになってくれます。

【お客様の評価(1)】 0172

お客様の評価は○か×しかない。△でもいいだろうという気持ちで接しない。お客様がいないと仕事がなくなる。お客様は社員の自己満足は評価しない。

【お客様の評価(2)】 0173

お客様は2度評価する。①1度目は絶対評価で決める。②2度目は相対評価で決める。よければ、再度そのサービスや商品を買ってくださる。

【お客様本位】 0174

お客様の都合に合わせて組織を変え、厳しい経営環境を生き抜く。お客様を区別し、人、組織に緊張感を持たせ、変革に挑戦する。

【お客様リスト】 0175

会社の命です。最高の企業秘密です。常に変化しており、**そのメンテナンスが最も重要です。**

【奥が深い】 0176

物事がわかった人が言う言葉であって、わかっていない人がわからない時に言う言葉ではありません。

【臆病】 0177

人のことや建前ばかりを言って、肝心な時に見栄を張って、カッコつけて逃げてしまう人です。自分で実行する勇気がないから、いつも人が言うのを（やるのを）待っている。そんな人に、部下もついてくるわけがない。

【行う】 0178

DO→CHECK→PLANの順に事を進める。どんなによい計画も、実行しなければ意味がない。まず動く、そしてチェックして計画を立て、また動く。

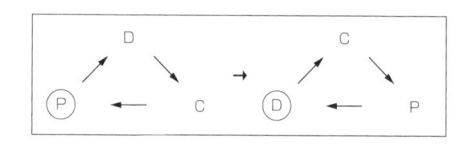

【怒る】 0179

周りのことが見えなくなる。

【おごる】 0180

たまにでよい。必ず500円〜1,000円は負担させる。０円だとエスカレートする。

【教える】 0181

ちょっと上のレベルの人が教える。新人には少し前に入社した人が教える。上司は教えるのを見ている。**教える人が一番勉強になる**。レベルが違いすぎると、教えてもらうほ

うは理解できない。社長が新人教育をするのは最悪です。

【お知らせ】 0182

自分が使わない、いらないから、お客様も必要がないとは限りません。使うか使わないかは、お客様が決めることです。新商品情報はすべてのお客様にお知らせすることが大切です。

【お世話係】 0183

新卒入社の社員や異動直後の新人に、直近の先輩が1人につき1名、お世話係としてつく。仕事上の簡単な質問やプライベートの相談を受け、食事に連れて行きガス抜きをする。初月1万円、その後2カ月間5千円の手当てが出る。

【おだてる】 0184

人間をダメにすることです。「ほめる」とは違います。

【お中元・お歳暮】 0185

社長・部長の営業活動です。社長が45年間訪問してライバル会社に取られたのはゼロです。ハッピーコール・叱っていただく・ご要望をお聞きする活動です。**季節の初めに鉢植の花などを持って、訪問する。**お中元の準備は6月1日から、お歳暮は11月1日から開始する。2人以上で**わざわざ行く。ついででは心が伝わりません。**

【落とし穴】 0186

甘い気持ちの時にはまる。

【大人】 0187

夢よりお金を大切にする。自分の頭で考えて行動する。子供は言われたことしかできないが、言われたこともできな

い大人を「中途半端な人」と言う。

【おとり商品】 0188

松、竹、梅のメニューがあれば、一番儲けなければならないのは竹で、一番売れるのも竹です。売れないからといって松、梅（比較商品）をやめると、竹も売れなくなる。それぞれが重要です。松15%・竹75%・梅10%が理想的な商品構成です。

松	竹	梅
1,800円	1,500円	1,300円

【踊り場】 0189

価値観の変化が著しい時に人為的につくる。3年たっても軌道に乗っていない部門や、不採算部門を切ってつくる。資金繰りが楽になるとともに、人材育成の遅れを縮めることができる。

【驚き】 0190

同じレベルでないと共感できない。レベルが上の人は、下に合わせて驚いてあげることです。

【同じことを聞く】 0191

レベルが上がります。聞くのが面倒だとか、恥ずかしいと思ってはいけません。前向きな姿勢で回数聞くと、成長スピードがアップする。社長が社員から、また同じことを言っていると言われたら利益が出る。

【お願い】 0192

無理・不可能を可能にするものです。

【おひとよし】 0193

いいかげんな人間。自分にＮＯが言えないダメ人間です。

【オフィス】 0194

個人の書斎ではありません。スペースは共有の場です。書類や資料は組織の財産です。キャビネットなどに鍵をかけて自分の“所有物”にするのはもってのほかです。

【覚える(1)】 0195

新しいことには時間とエネルギーを必要とする。教えたことと覚えたことは違う。

【覚える(2)】 0196

①自分で体験したことで覚えていることは90％。②見たことで覚えていることは60％。③読んだことで覚えていることは30％。④聞いたことで覚えていることは10％です。新しいことは体で覚えることです。

【おまけとタダ】 0197

会社で一番次元の低いサービスです。手間暇をかけないものは喜ばれない。

【お見舞い】 0198

病気が治るのが遅くなる。最高なのは静かに見守ってあげることです。お見舞いに行っても10分で帰る。人がいると疲れる。

【お迎え報告】 0199

情報は向こうから勝手にやってくるわけではない。社長自ら取りに行ってはじめて入手できる。報告を待っていた時は、誰からも報告がなかったから会社は赤字だった。社長

が部長職以上に報告を求めるから、上司が何かないか何かないかと部下にしつこく聞く。

【思い切り】 0200

今までの成功体験や考え方を捨てて、新しい方針を全力で実行することです。こだわりが長くなればなるほど思い切りが悪くなる。

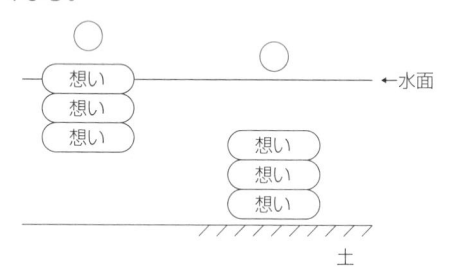

【思い違い】 0201

お客様にとっては**良いサービス**と**悪いサービス**しかない。ちょうどいいというのはない。

お客様の評価　〇か×　△はない

【思いつき】 0202

何かを始めるきっかけです。失敗のもとにもなるが、1週間たっても熱が持続していれば大丈夫です。

【思いやり】 0203

部下にとっては知らない人が多い会場などで、自分ばかり面識のある人に声をかけていないで、その部下が惨めな思いをしていないか、気を使うというようなことです。そうしないと部下は育たない。

【思う】 0204

人間にとって最も大切なことは、**常によいことを思うこと**です。

【面白い】 0205

始めから終わりまで任されて、自分で実行することです。
部下のできることを社長がやってはダメです。人が育たない。責任を持たせないと物事を俯瞰（ふかん）する目が育たない。

【おもちゃ】 0206

子供には電池・電気で動くものをなるべく与えない。与えると創造性のない、無気力な子供が育つ。手を動かすものがよい。一番よいのは、**ふざけて一緒に遊んであげること**です。

【親】 0207

苦労をさせられないから、子供の教育ができない。

【親孝行】 0208

早いうちにしておかないと後悔する。

①新卒社員はゴールデンウィーク中に帰省し、両親に感謝の言葉を伝えてくれば、交通費を支給する。

②昇進した際に名刺を渡し、両親と食事会を開き、感謝の言葉を伝える。食事代（親一人１万円）と交通費（写真提出後、精算）を会社が支給する。有効期間は昇進の日から３カ月以内。2.5G（課長）以上昇進時に支給する。

【親心】 0209

人が育たない。中小企業の多くは、社員が失敗しないよう

にと社長がすべてに口出しをするから、社員が育たない。責任をもって実行させ、失敗と成功を体験して初めて育つ。

【オリエンテーション】 0210

経営計画書を使って会社のルールを説明する。新人は会社のことを知り、ベテランは初心に返る場です。従業員は誕生月に毎年参加する。武蔵野の独自能力です。

【オリエンテーション（総務）】 0211

新人は入社1カ月以内に受講する。会社の方針・仕組み・歴史を知る場です。

【オリジナル(1)】 0212

経営計画書や仕組みを、3年間真似し続けると自分（自社）のモノになる。

【オリジナル(2)】 0213

真似から始まる。優れた上司に運良く当たることが仕事の実力向上の決め手。ほとんどの実験は90%以上失敗する。それでも実験はいつか成功するという楽観的な態度が必要です。

【お礼状】 0214

手書きでないと心が伝わらない。**ヘタな字でもよい。**

【恩】 0215

かけた恩は水に流し、受けた恩は石に刻むことです。

【オンリーさん】 0216

売上の大半を1社、または1人のお客様に頼っている会社です。

【オンリーワン】 0217

安定した固定客・ファンに支えられた状態のこと。絶大な信用・信頼を得た時に実現する。信用はすぐに失われる恐れがあるが、回復システムと人のつながりがあれば関係が壊れるまでには至らない。独占や新規の発明だけに立脚したものではない。そのようなものはすぐに真似され、超えられてしまう恐れがある。

【海外進出】 0218

その国の利益にならない事業は成功しない。リスク管理、コスト安を求めると失敗する。支払は円50%、相手国の通貨50%にすると、為替損がなくなる。パートナー選びが大切です。

【改革】 0219

1人から始まる。危機意識がないと進まない。

【開眼】 0220

環境の変化によって、あるいは責任ある仕事を任せられて、今まで見えなかったものが見えるようになることです。

【会議】 0221

生産性の低いものです。お客様の要求を満たすために、わが社がどのように対応するか意見交換、情報交換、意思統一をする場です。

【会議中】 0222

会議で席をはずしている人の電話を受けたら、「ただ今、外出しております」とお答えする。その後すみやかに連絡する。**お客様はわが社の売上アップにつながる用件で電話**

をくださったのであり、わが社は売上をアップさせるために会議をしている。

【会議の時間】 0223

定められた時刻にスタート。時間は最短で。発表者ごとに１〜７分の時間が割り振られると一番ストレスが少ない。基準がないと仕事の中で時間を一番浪費する。社内の根回しに使ってはいけない。

【会社(1)】 0224

働くところではない。方針を実施して実績を上げるところです。

【会社(2)】 0225

部下にとっては、上司が会社です。お客様から見れば、入社したばかりの新人でも会社の人です。

【解釈】 0226

体験と量・質で変わってくる。新人には、新しい体験をさせることが大切です。

【会社経営】 0227

人材力が企業力に直結するのは、程度の差こそあれ、どんな企業にも当てはまる普遍の真理です。戦力となる人材を育てることは、上に立つ者の大切な責務です。会社は、何はさておいても効果的な人材育成の仕組みをつくることから取り組むことが大切です。

【会社人間】 0228

最低です。家族を考え、社会を考え、そして会社のことも考え、バランスよく生きていくことが大切です。

【会社の規模】 0229

住みつく業界によって自然に決まる。

【会社の将来】 0230

社長のビジョンの発展と客観的状勢の変化により**長期事業構想書**を作成し、毎年前向きに書き換え、経営を安定させず、常に経営革新を行い、つぶれにくい体質にする。利益は①お客様数の増加。②社員教育。③インフラへの投資。④M&Aを行う。⑤経常利益の順で未来に投資する。社員の一生を通じての生活の安定と向上をトコトンまで面倒みて、実現する場所を確保する。

【会社訪問】 0231

訪問する前に建物の大きさ、広さ、事業内容、社員数など、なるべく多くのデータをもつことが大事です。そうしないと、わが社との違いが見えてこない。

【回収】 0232

売ったものは、現金を回収できて**仕事が終了です**。どんなに売れていても、現金がないと会社は倒産する。

【改善】 0233

耳が痛い情報が入るか、外へ出かけていくと始まる。①問題点は何か。②その原因は何か。③解決策は何か。④上手な人の真似をする。⑤**お金に太く変わる改善が最高です。**

【外注】 0234

①占有率をアップさせることができる。売上のピーク時と、季節の繁忙期がチャンスです。②目標まで増やしていくことができる。経常利益額と経常利益率が上昇する。③季節

変動をカバーできる。

【回転】 0235

早く仕入れて、早く作って、早く売って、早く回収する。

【開発】 0236

将来の収益を上げるための活動を言う。慎重さも必要だが、**スピードが命。**もう少し検討をと、グズグズしていれば他社に先を越されてしまう。

【外部講師】 0237

専門的技術だけにとどめる。

【解約】 0238

会社の財産が減っていく。言われたら上司とすぐに訪問する。**新規契約と同じくらい、訪問回数を重ねると阻止できます。**

【解約防止】 0239

「ライバル会社が来たら連絡してください」とお客様にお願いしておくのが一番効果的です。

【買う】 0240

お客様が望むのは、すべての品が揃っていることではなく、自分の買いたい商品が豊富に揃っていることです。たくさんの品を見比べて、その中から自分の気に入った**物を買いたい。**

【変える】 0241

過去の時間と数字は変えることができない。変えられるのは未来の時間と数字です。5ヶ年の長期計画で、売上か粗利益額のいずれかを2倍にすると変わる。売上が7億円だ

った当時、5年で14億円の目標を立てたが、15億円を達成した。

【価格】 0242
市場価格と商品の機能で決まる。市場価格は、最初に値づけした会社が決めたものです。市場が大きくなったら、ライバル会社との比較調査をして決める。

【価格決定】 0243
お客様への価格提示は、受注時にきちんとしておく。そうしないと、お客様とのトラブルの原因になる。社内では集金違算の原因（違算調査は無駄な時間）、値引き（価格の後決めはお客様のほうが強い立場となる）の原因になる。

【価格交渉】 0244
その場では応じない。「帰ってから上司とよく相談した上でお返事します」と言って引きあげる。

【価格戦争】 0245
時を超えて何度も敵の市場を奪うことで、ごく少数の会社が繁栄する。強い会社、お客様の側に立つ会社だけが生き残れる。戦いに勝つには、次の2つの戦略が不可欠です。①シェアが圧倒的（40%以上）に高い物であれば、高く売っても安く売っても成功する確率は高い。②ほかに収入源をもっていれば、安く売って数でマーケットを奪える。行きつくところは商品競争に変わる。資金の消耗戦になり、現金を所有している会社が勝つ。

【価格変更】 0246
その場でやらない。必ず出直して対応する。**わざわざ行く**

ことで、お客様は喜ばれる。

【価格ダウン】 0247

（不況時に）お客様から価格の値下げ要請があったら、仕入（外注）先にそれ以上の値下げ要請をする。利益を出せるチャンスです。

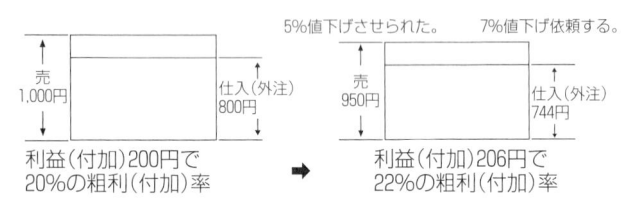

5%値下げさせられた。　　7%値下げ依頼する。

売 1,000円　　仕入（外注）800円
利益（付加）200円で 20%の粗利（付加）率

➡

売 950円　　仕入（外注）744円
利益（付加）206円で 22%の粗利（付加）率

【隠しごと】 0248

思いつめたり、ボーッとしている時間が多くなる。①消費者金融から年収に近い金額を借りて資金繰りができない。②男女間のトラブルが解決できない。③金銭のトラブルに巻き込まれている。問題解決をすぐ弁護士に求めるが、問題解決ができる人は20%しかいない。相談は社長に最初にする。弁護士には問題解決の方針が明確になったら事務手続きを依頼する。

【革新】 0249

経済的成果を高めることを狙いとした、わが社の構造的変革を行うことです（合理化する、能率を上げる、というのは革新ではなく、「改善」と言う）。今までのやり方を捨てることから始める。**最大の障害は内部にあります。**

【学習】 0250

経験の積み重ねによる変化です。同じテーマを少しずつレ

ベルを上げながら繰り返し行うことです。1度目と2度目
では差が出る。

1日目	1, 2, 3, 4, 5
2日目	2, 3, 4, 5, 6
3日目	3, 4, 5, 6, 7

【確認】 0251

チェックシートを使って行うことです。見落としがありま
せん。

【学歴】 0252

学校を卒業した履歴のことではありません。どの分野のど
の学問を勉強してきたかという歴史のことです。

【過去】 0253

すべて善です。時間が短く感じる時は、仕事がうまくいっ
ている時。逆に長く感じる時は、うまくいっていない時で
す。

【下降傾向】 0254

売上年計・数量年計が下がっている時に注意をする。何ご
とも控えめにする。

【過去の数字】 0255

研究するのではなく、**確認するだけでよい。**過去を研究し
ても、何も出てこない。世の中は変化している。

【貸し倒れ】 0256

お客様が倒産した場合、手形ならば①「当日までに売った
金額＋売掛金＋落ち込み期日までの手形合計金額」の全合

計が入金ゼロになる。②今まで儲けた利益からその分がマイナスになる。③翌日からの毎月の売上が減る。危ないと思われる先へは売らないことです（前入金、代引き等処置を行う）。倒産は売った側にも責任がある。

【数】 0257

力なり。

【GAS】 0258

仕事のチェックや業務効率化、手間になっているルーティン業務を自動化できる。業務として必要だが、実行されているか確認する。やらない仕事を作ることができる。

【ガス抜き】 0259

定期的に上司が部下と食事をしたり酒を飲みながら、本音を引き出す。

【風】 0260

時の移り変わりを教えてくれるものです。秋風が吹いたら冬支度をするというように、風を感じたら、これから起こることを先取りすることが大切です。

【肩書き】 0261

クレーム処理に必要です。ヒラ社員が行っても解決しない。職責上位の人が行けば早く解決する。

【形】 0262

何か事を行う時に基本となるものです。一番先に決めなければならない。内容とか、中身はあとからつくっていけばよい。物事の上達を速くし、成績が上がる。

【形から入って心に至る】 0263

社内で成果が出ている人のやり方（形）をそのまま新人・異動した人に真似させ成果を出させると腑に落ち、気持ち（心）が変わる。

【片手間】 0264

忙しいからといって、手仕事をしながら挨拶をしても、お客様に真心は通じない。部下は悪い手本はすぐに真似る。誰か1人が失礼をしたら、それでみんなの努力が台なしになる。**形は心の表れ。**

【カタログ】 0265

お客様の欲しい情報だけを載せる。用途、能力等。**電話番号は表側に印刷する。**

【価値】 0266

2,500円の花を二つ合わせたら、5,000円の価値になるのではなく、2,500円です。価格が5,000円になったのです。

5,000円

2,500円
2,500円

【学校】 0267

お金を払って勉強するところです。会社はお金をもらいながら勉強するところです。

【学校の成績】 0268

学校の成績と仕事の能力は関係がない。学校は勉強して知識があり、テストでアウトプットした結果が評価される。仕事は知識がなくても人に教えてもらい、実行して結果が

出ると評価される。

【格好よい】 0269

何回も練習したり、失敗をしてなりうる。最初からなる人はいない。

【活性化】 0270

トップが代わるのが最良の策です。組織はもともと、**上司がすぐれていても、反対にボンクラでも、部下は育ちにくいものです。**上がいなくなれば下が上の役につき、心構えが変わる。上司と部下の能力差（逆も）があると人は育たない。

【活力】 0271

欠点を取り除くとなくなる。

【家庭】 0272

家庭がごたごたしていると、いい仕事はできない。会社が衰えたり、信用をなくしたり、時には破産に至ることもある。一番大事なことは、家族みんなにやさしい心で接することです。**本当の強さはやさしさです。強くないとやさしくはできません。**

【鞄持ち】 0273

先生から離れることなく、また先生を離すことなく教えを聞くことができる。

【株】 0274

①安い時に買ってはいけない。②高い時に買う。③立ち直りを買う。④３割上がったら売る。⑤１割下がったら売る。

【株式公開】 0275

株主としての権利はあっても、経営に対する義務はない。

【壁】 0276

社内の連帯感がなくなるものです。ワンフロア、オープンスペースが最高。壁ができ、そこに鍵をかけると、外（他の事業部）との繋がりを自ら断ち切り、セクショナリズムになる。

【紙に書く】 0277

他人に言われたくらいでは人は動きません。他人に言われて動くのはイヤなものです。でも、紙に書いてあれば人はやるものです。経営計画書を作成して共有する。

【借入金】 0278

できるだけ長期で借りる。経済の断層に耐えられる。金利は少々高くてもよい。**会社をつぶさないことが最優先です。**普通、無借金経営が正しいと思われているが、現金があれば、地震が来ようが、何が起きても会社はつぶれない。**会社再建の時間を買っている。**会社の経営は**現金に始まって現金に終わる。**

【借入金の返済原資】 0279

年間返済額（元金部分)は「当期利益－税金＋減価償却費」の範囲内にすることです。

【仮勘定】 0280

仮払金、仮受金など。特に仮払金はほとんどが経費に振り替えられるもので、会社の損益を見間違える原因となる。できるだけないのが望ましい。

【借入金の重み】 0281

インフレとデフレの違いは借金の重さです。

	借金(実質)		金　利	
	今期	来期	名目金利	実質金利
インフレ時 （年10％インフレ）	1億	0.9億	10%	0%
デフレ時 （年10％デフレ）	1億	1.1億	3%	13%

これを見ても、デフレ時代には借金して儲けることができないことは明白です。

【我流】 0282

①方針を守らないところから始まる。②赤字の会社はセオリーを無視して経営する。成功している会社のセオリーを真似るのが一番です。③幹部の我流は部下が迷惑する。

【借りる】 0283

お金には金利がかかるが、人の知恵にはかからない。

【カレンダー】 0284

予定を入れていないと意味がない。アナログとデジタルで見える化する。年度計画（228ページ）を参照。

【勘】 0285

厳しいところで「鋭くなる」。温かいところで「甘くなる」。体調の悪い時や身内にトラブルのある時は当たらない。悪い予感は具体的で当たるが、良い予感はファジーでまずハズレる。

【考え方が違う】 0286

話し合いで調整がつかない時は上司に報告し、判断してもらう。考え方が違うから調整をしているわけであり、折り合わないからといって入り口に戻るやり方は、調整の仕方としては幼稚です。**人の考え方はそれぞれ違うことを前提に、仕事の上では共通の考え方でやっていくのが組織の出発点です。**

【考え方の整頓】 0287

①同じ考え方に揃える。②売れている部門に人を配置し、売れるものはベテランか成績の良い人に担当させる。③時間に人を付ける。

【考えておきます】 0288

何もしませんということです。

【環境】 0289

初体験時の戸惑いも、その中にいることによって薄れ、自分自身に大きな変化を見いだすことができるようになる。**人を育てる土壌です。**

【環境整備(1)】 0290

会社の文化です。物をピカピカにすることです。社長以下全員が自らの手で行い、煩わしさ、面倒くささを克服し、大切な仕事として昇華した時、全員の活動に心がこもり、サービスに心がこめられ、お客様の信頼を勝ち取ることができます。

【考える(1)】 0291

過去の体験を思いだして整理することです。体験・経験が

ないと考えられない。組み合わせを変えることです。

【考える(2)】 0292

行動のブレーキです。スキル10の人が1分、10分、1時間、1日、1週間、1カ月考えてもスキルは10です。

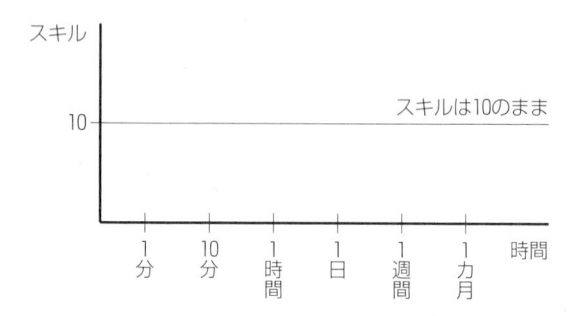

【環境整備(2)】 0293

①仕事をやり易くする環境を整えて**備える**。

② **「形」から入って「心」に至る。**「形」ができるようになれば、あとは自然と「心」がついてくる。

　例）1番には1番の人が停める。5番には5番の人が停める。

| 1 | 2 | 3 | 4 | 5 |

　形が揃うと、心が揃う。

③職場で働く人の心をかよわせ、仕事のやり方・考え方に気付く習慣を身につける。

【環境整備点検】 0294

事業年度計画に基づき、社長（毎回）と幹部が同じチェック基準で全拠点を順番に一カ所5分で巡回点検する。長く

なるとアラ探しになる。

【環境整備点検満点】 0295
毎日の環境整備をしていないと取れない。ダブルチェック、トリプルチェックをすることで満点が取れ、モチベーションが高くなる。

【簡潔】 0296
５Ｗ１Ｈ（Who When Where What Why How）が表現されていて、１つの事柄がおおよそ60字程度に収まっていることです。

【頑固】 0297
歳をとったということです。

【冠婚葬祭】 0298
①お祝いごとは控えめにする。②とむらいごとは厚くする。参列人数でライバルに差をつける。

【観察】 0299
問題点を発見することです。

【感謝しない人】 0300
人生を文句ばっかり言って生活する。狭い範囲で生活していて、外部からの情報・刺激がない。

【感情】 0301
心は止められない。「うれしい」「悲しい」「恐ろしい」といった変化を目に見える形で、はっきりと表すことです。

【関心】 0302
成績のよい人、よい部門に向けるのが正しい。悪いところは機を見て切り捨てるのが正しい。

【勘定科目】 0303

資産は現金化のしやすい順に並んでいる。負債は返済の早い順に並んでいる。1年以内を「流動」と言い、1年以上を「固定」と言う。

資産科目	金額	負債科目	金額
現　　金		支払手形	
普通預金		買　掛　金	
定期預金		未　払　金	
受取手形			
売　掛　金			
商　　品			

【簡素化】 0304

例外事項を減らしていくことです。管理部門は人を減らしデジタル化を考える。

【簡単】 0305

一番わかりやすい。物事を簡単にすることは文化です。難しい理屈はいりません。

【感動】 0306

人の倍の量を実行した時に起こる。人並みでは感動は起こらない。どうせやるなら今日1日を明るく、全力をあげてやろう。

【観点】 0307

いかに自分が知らないかの認識をもつことです。4本の煙突も見る場所によっては、2本に見えたり、1本に見えたりする。人は見た場所は言わず、自分の見た本数を言う。

現場に行って手と口と足で見る。

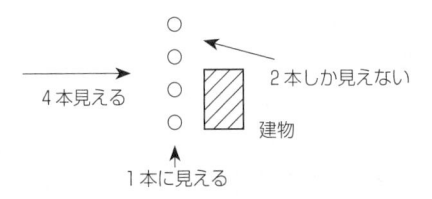

【感動と実行】 0308

社長が経営セミナーに参加して、「これはすごいノウハウだ」と感動する。多くは感動で終わる。どうして行動できないのか。理由は簡単です。困難なことから始めるからです。行動のためのヒントはここにあります。つまり、「困難なことは後回しにする」です。難しいことをひとつやり遂げるよりも、誰もができる簡単なことを幹部と一緒に勉強して実行していく方が効果的です。

【カンニング】 0309

学生時代に自然と習得できる技術です。**成績のよい会社の社長・部長は、この技術にたけている。**よい会社に行って見てくる。物事を覚えるテクニック。

【頑張る】 0310

目から汗を出して仕事をする。そして体からも汗を出す。結果を出して、目から汗を出して喜ぶ。

【幹部】 0311

会社は努力しだいで大きく発展することもあれば、簡単につぶれることもある。会社がつぶれる最大の原因は、幹部の甘さにある。**幹部が甘いのは、会社の自滅に等しい。**な

ぜ甘くなるのか。新人の時は何ごとも未知へのチャレンジであるから、緊張して謙虚に努力をする。ベテランになると、自分のやったことが、たまたまうまくゆく。やれやれ、これでいけると思う。固定観念に固まる、偉くなる、勉強を怠る。すぐに時代は去り、とり残される。甘くならないためには、「**お客様の方向を向いて仕事をする**」こと、「**同業他社とマーケットにいる**」ことを忘れないことです。

【幹部が育たない】 0312

①社長が全ての意思決定をするからです。

②これやあれと答えが出ていることばかり指示すると、幹部は育たない。

③社長でなくてもできることは、幹部にやらせて結果を出すのを待つ。最初からできない人がまともです。

④社長が実務にハマると全体を俯瞰できない。

⑤幹部登用においては若いということは、躊躇（ためら）うことではなく抜擢する理由です。

【幹部からの反対】 0313

教育しないからです。社長は、お客様に喜ばれ、社員の生活を豊かにするために勉強している。しかし、社長だけがアップデートしてしまうと、幹部との溝は広がることとなる。そのうち、幹部は社長の言っていることが分からない、社長が考えていることが分からないと不満を持つ。だから反対する。幹部は社長に協力したいと思っている。

【幹部候補】 0314

30〜45歳までの間に多くの仕事の体験が必要です。そこか

ら逃げなかった人のみが、将来大きく成長する。

【幹部の基準】 0315

役員：社長の方針を１日で実行する人。

部長：社長の方針を１週間で実行する人。

課長：社長の方針を１ヵ月で実行する人。

ヒラ社員：社長の方針をなかなか実行しない人。

【幹部の仕事】 0316

人の管理でなく、仕事の管理です。人を管理すると、好き・嫌いが前面に出る。部下と数字を交えて話をする。

【幹部の役割】 0317

社長の間違った方針を直に実行する。結果が出ないことに社長が気づく。社長が間違いの方針を撤回する。

【完璧】 0318

物事にはありません。あなたができても、まわりはそうとは限りません。

【願望】 0319

小さい願望ではいけない。多くの人がうらやむような物を買ったり、手に入れたりすることができないのは、現在の自分の経済力の範囲でしか考えていないからです。

【感銘】 0320

人から聞いた話より、その人が実体験した失敗・挫折・成功の話のほうが感銘を受ける。感性の鈍い人は感動しない。

【寛容】 0321

欠点はできるだけとりつくろってやり、むやみにあばきたてないことです。

【管理】 0322

よい状態を維持・継続することです。日常の繰り返し仕事のコントロール。**終了の時間を決める。**管理はなるべく簡単にし、標準化されなければならない。最低限の管理、管理しないで済むことが一番よい。

【管理がずさん】 0323

赤字部門は、重要な部分で金の出し惜しみをしている反面、無駄な出費に気づかない場合が多い。

【管理職】 0324

部下のモチベーションを上げるのが第一の仕事です。①頭が柔らかい人。②結果ばかりでなく、プロセスもチェックする人。③部下の話を黙って30分間聞ける人。

【管理する】 0325

数字をつけて、使いやすいように整頓することです。**物に番号をつける。**

【気合】 0326

技術の裏づけがないと、カラ回りになり成果が上がらない。

【機械作業】 0327

メインの仕事は段取りと監視です。

【機会損失】 0328

チャンスを生かせない状態。どれを選べばいいか迷った時は、選ぶという考えから捨てるという考えに変える。

【機械に弱い】 0329

触らないだけです。触っているうちになんとかなるものです。ＩＴ機器はその代表です。

【企画】 0330

競争に勝つ根源です。よい企画を生みだすには、お客様をよく観察する。お客様がなぜ購入したかを聞いて、企画に生かす。

【期間】 0331

設定の仕方で成果が決まる。仕事は与えられた時間に合わせて、いくらでも延びる。長くなればなるほどできない。

【危機】 0332

予想していない人にとっては災いであるが、備えていた人にとってはチャンスです。

【危機感】 0333

経済的に損をしないともてない。**非常事態宣言を出して、**組織を１つにするチャンスです。放っておくと組織がバラバラ、個人個人になる。

【危機管理】 0334

①**悪い情報は速く、よい情報はゆっくり。**

②悪い報告をほめる。報告しなかった人を罰する。

③責任追及はいけない。

④職階を飛び越して行う。居合わせた人で処理する。飛び越されても怒ってはいけない。

⑤危機管理に前例なし。

⑥**時間無視、事実だけでよい。** ５Ｗ１Ｈでなくてもよい。

【企業】 0335

倒産しないことが第一、繁栄は第二です。 本業を基本とした安定成長の道を確実に進むことが一番です。本業以外の

投資で利益を上げようとすることは身を滅ぼす。

【企業資産】 0336

ヒト、モノ、カネ、情報、時間。一番大切なものは「ヒト」です。どれほど優れた商材も、どれほど大量の事業資金も、そのままではただのモノ・カネにすぎない。人の手による的確なオペレーションがあって利益を生み出す。

【企業成長】 0337

２倍の業績成長の会社は、４倍の抵抗を受ける。業績成長が３倍の会社は９倍の抵抗を受ける。成長に応じてその守りを、業績の２乗の態勢にして備えておかなければならない。

【企業文化】 0338

社長の方針を社員全員が実行してはじめてできるものです。共通の道具、共通の言語、共通の認識が必要。

【企業方程式】 0339

PQ＝VQ＋F＋Gと表す。ＰＬ（損益計算書）の面から企業を見るとＰ、Ｖ、Ｑ、Ｆ、Ｇの５つの要素で表現できる。戦略会計の基本公式です。

	VQ	
P Q	M Q	F
		G

PQ＝売上
VQ＝原価
MQ＝粗利益
F　＝経費
G　＝利益

【聴く】 0340

考えながら聞くことが大切です。ボーッと聞いているのは時間の無駄です。自分のことに置き換えて聴く。

【聴くこと】 0341

主体性をもつことと同義です。言い訳をすれば学ぶことはできない。ミスや行動の欠点を指摘されると、ついつい言い訳をする。叱られたり、注意されたことの本当の意味は、その時は理解できなくても、あとになって納得できることが多い。

【気配り】 0342

お客様の動きに注意して、次に何をしてさしあげたら喜ばれるかを考えて行動することです。上手にできると**小さな感動**が生まれます。

【危険】 0343

担当が代わった時、部署が2つに分かれた時に起きる。その時期を上手に乗り切れば、あとは成長を待つのみ。

【儀式】 0344

建前でやるにしても、手を抜いたら来賓に失礼になる。細かなことにも気づかいをする。たとえば、セレモニーの準備に気がいってしまうと、当日の雨対策などがおろそかになるものです。

【期日】 0345

その日までにすることではありません。優先順位をつけ、やりやすくすることです。

【技術】 0346

技術とは、利益をもたらすことのできる手法を言う。技術を開発する前の段階は、「学術研究」と言う。また、利益をもたらすことのできない手法は、「道楽」と言う。

【技術革新】 0347

まったく新しいもののようでも、よく考えてみれば、今までにあったマーケットを奪ったり、置き換えたものです。例：真空管→半導体　レコード→音楽テープ→ＣＤ→ＭＤ→インターネット（スマートフォン）

【技術向上】 0348

稽古をたくさん積んで体験しないとなしえない。

【技術力アップ】 0349

一番うまい人の真似をする。よいと思うことはやってみる。見ているとできそうなことでも、実際にやってみると難しい。そこであきらめずにやり続けることが大切です。習熟するとレベルが上がる。

【基準】 0350

同じ問題の発生を食い止めるためのものです。**問題発生の主な原因は、基準がないことにあります。やる前に決めない。やってから決める。**

【規制】 0351

人間をダメにする。コストがアップする。スピードが落ちる。**抜け道を探し始める。**そのために、思ってもみなかった事態が起きる。

【既成概念】 0352

根深いものです。なかなか変えられない。

【規則】 0353

多くの場合、**決めた人が最初に破る**。仲間が集まって同じ目的に向かって仕事をし、そして生きていくためには決めごとがどうしても必要です。**それが方針書であり、この本です。**

【期待】 0354

誰しも人から期待されたいと思っている。同じ能力なら、期待が大きい人のほうが成績が上がる。

【気づかい】 0355

最高のもてなしです。 パートさんなどに、時間になったら必ず声をかけるというようなことです。

【気づかせる】 0356

なぜ、どうしてかを教えることです。全体をわからせる。上がもっている情報を下に渡す。数の情報があるとわかりやすい。

【気づき】 0357

いま誰が何をしていて、次に何をするのか、人よりも少し関心をもつことです。何を望んでいるのかを察することです。次に何をすべきかを頭に入れて、行動に移すことです。

【気づく】 0358

勉強・体験などを積み重ねた結果、違いがわかった分だけスタンスが広がる。①ありふれたことを大切にする。②人を喜ばせる。③他人のことを思いやり、尽くす気持ちを徹

底する。

【キックポイント】 0359

シェアが25%になったら、次の商品を投入する。

【気づけない】 0360

優秀なルーティンを続けないと気づけなくなる。社員・社員のパートナー、サポート会員の社長に誕生日にハガキを送っているが、今までは2週間前後に書いていた。今年から、2ヶ月前に書く。どの人も誕生日は変わらない事実に2024年に気づいた。

【規定】 0361

決められていないことは**誰もやろうとしないから**、何をやってもよい。

【規程書】 0362

経営計画書に記載されない、部署のルールブックです。朝礼時に読み合わせを行うことで共有する。

【気に病む】 0363

本人が思うほど他人は気にしていない。

【厳しい】 0364

言い訳をしない人です。自分のことを正当化せず、己には厳しく、他人には寛大に。

【気分転換】 0365

違った「事」をやるのが一番です。

【希望的観測】 0366

何とかならない。ずるずると泥沼に足をとられ、気がついたら莫大な赤字を背負い込むことになる。甘さを認識させ

られた時のせりふも決まっている。「**こんなはずではなかった**」

【基本給】 0367

過去の実績です。同じ職責なら年功が長い人が高い。

【キーマン】 0368

営業マンの仕事は、**どこを訪問するかよりも、誰に会ってきたかのほうが重要です。** その人に「よろしい」と言わせてしまえば、あとの仕事は事務的にどんどん進みます。いくら話しやすい人と話をしても進歩はありません。

【客商売】 0369

直接お客様に接する商売は、**お客様の名前を覚えて呼ぶことに始まる。** 素朴でお金のかからない最高のもてなしです。2度目で名前を呼ばれたらいっぺんでひいきになる。

【客数の増加】 0370

販売競争が激しくて、売上の増加が見込めない時は、原則として、客数の増加に重点を置く。値上げは客数を落とすので要注意。

【逆算】 0371

経営は常に逆算です。到達目標地点から現在を見つめて、**今何をすべきかを計算する方法です。** 過去計算ではなく、未来計算が正しい。

例：4年後 500 万円の車が欲しい
500（車）÷ 4（年）=125（1 年間）
125÷12 カ月=10.4万円
1 カ月の収入を 10.4万円増加させれば達成可能

【逆境】 0372

この上なく苦しい、どうにもならないと思えるような不幸も、見方を変えれば、次のようにとらえられる。「人は逆境の時、成長し、企業は逆境の時、成長の種をつくる」。会社は不況という逆境によって成長する。したがって、会社の不況を企業発展のチャンスと考える。

【ギャンブル】 0373

お金に余裕のある時にやることです。お金がない時はビビるので負ける。**勝ち逃げが基本です。**深追いをしない。勝っても大勝負はしない。検討する次元が変わるので負ける。**新規事業も同じです。**

【キャンペーン】 0374

お客様への提案の切り口を変えることです。

お客様の様々なニーズに合った商品・サービスを定期的（年数回）に提案する。また市場、事業特性に合わせた提案を行う。

提案は

ア．断られるため

イ．知ってもらうため

ウ．買ってもらうため

【休日】 0375

時間とお金と体力を消費する日です。

【休日出勤】 0376

日曜日は体を休める。休日出勤は事前に決裁が必要で、振替休日を決めて、スピード決裁で申請する。

【求人】 0377

会社をまるごと売り込むことです。

【窮地】 0378

社員を陥れる、言ってはいけない言葉。①わかったか（わかるまでこちらから質問する）。②前にも言ったではないか（1回や2回では誰もできない）。③2度とやらないな（聖人みたいな人はいない）。

【給料(1)】 0379

社員の一生を通じての一番の関心事です。

【給料(2)】 0380

社長からもらうのではありません。**お客様が支払ってくださる。**全員が努力して粗利益を上げ、その分配として獲得する。

【給料(3)】 0381

不満要素です。どんなに給料が高くなっても、満足ということはありません。ビックリするような昇給額でさえも、嬉しいのはその時だけです。給料とはそういうものです。

【給料(4)】 0382

安いと不満を言うが、**自分の能力がないとは言わない。**

【給料(5)】 0383

自分がいくらもらっているかよりも、同僚がいくらかが一番気になる。

【給料体系(1)】 0384

どんなによくなる場合でも、コロコロと変えてはいけない。働く人が不安になる。最低6ヵ月前に明示する。事前に十

分に説明をする。文書で示す。言った言わないをなくす。

【給料体系(2)】 0385

年齢や職責にかかわらず、頑張れば頑張っただけ収入も増える仕組みはわが社の給料体系の大きな特徴です。ある年、賞与を一番多くもらった人と、一番少なかった人とでは、格差が72倍でした。チャンスは平等に与え、成績によって差をつける。これが本当の公平です。自由と能力に応じた平等が望ましい。

【給料体系(3)】 0386

誰からも不平不満が出ない給料体系の仕組み、皆が納得する評価基準をつくることはできません。しかし、明確な給料体系、明確な評価基準をつくることは可能です。それがあれば、社員に余計なエネルギーを使わせずに、業務に邁進させることも可能になります。

【給料泥棒】 0387

能力があるのに仕事で能力を発揮しない人のことです。

【器用】 0388

仕事、芸術、スポーツなど、どこの世界でも器用な人間は大成しない。狭く、深くが成長する真理です。

【今日】 0389

一生でたった1日しかない日です。どう過ごすかで明日が決まります。明日の2日分の価値があります。

【教育(1)】 0390

知識を教えるだけの教育は無意味です。①言い続ける。②やり続ける。③粘り続ける。そして行動が変わり始める。

【教育(2)】 0391

人の行動が変わらないことは、やっても無意味です。**仕事を教材として**、現場の第一線でお客様サービスができるようにする。**新人がやらないのは知らないからであり、知らないのは教えないからです**。新しいことについては誰でも、いつでも新人です（新しい職務についた時は新人として扱う）。1人で仕事をさせる実地教育が一番。

【教育(3)】 0392

①定期的に勉強会を開催し、段階的にスキルアップを行う。

②成果が出ていることを横展開する。

③待っていても最新情報は落ちてこない。積極的に旬の情報を収集する。

【教育研修費】 0393

①役員・統括本部長の大半は5分で採用、手間とお金を使い育てた。教育に5,000〜8,000万円を使用した。

②社内研修費、クレーム対応費、日当等を可視化し、ZOHOで研修費ランキングを全社に公表する。各自、自由に確認できる。

【教育のコツ】 0394

やってみせて、させてみて、甘い基準で結果を出させ、ほめてあげたあとで、一言アドバイスをする。レベルアップしたらほめる。

【強運】 0395

自分で引っ張ってくるものです。向こうから来るのは**幸運**です。

【供給制限】 0396

業績がよくなる。不況に耐えられる。必要以上売らないこと。**これを行っていることを人に知られないようにすることが大事です。**一般消費材や日用品を、供給を制限し値段をつり上げることは正義に反する。

【教訓】 0397

①**ライバルは、**わが社のお客様を**奪いながら**サービス不足を**教えて**くれている。すぐにマニュアルにして**改善する。**

②**お客様も、**いろんな表現の仕方でサービス不足を**教えて**くださっている。すぐにマニュアルにして**改善する。**

【競合】 0398

共に成り立つこと。

【教材】 0399

問題が起きた時です。ケーススタディにする。一番勉強になる。

【強者の論理】 0400

確率戦に持ち込む。①総合戦 ②拡大戦 ③No2を叩く。弱いものいじめ。集中攻撃を加える。

【業績】 0401

中小企業は外的要因でなく、**内的要因**のほうが業績を左右します。どんなに環境が悪く、同業他社が赤字になっていても、わが社までが赤字になってよい理屈はない。**赤字はどんなに理由をつけても赤字です。**だから結果がよくないと話にならない。

【業績アップ】 0402

数値を上げるには、現場の作業を変えることです。データを活用して問題を発見する。**いらない仕事を捨てる。**

【競争】 0403

どちらか一方がなくなる。相手のことを知るのが第一歩です。勝った経験のない人には、勝ち方はわからない。勝たせることによって人が育つ。**勝った経験をもつ者のみが育つ。**繁栄の原点です。

【競争価格】 0404

利益の出ている商品でなければ、相手を叩くための廉価を続けていけない。また他の部門で採算をとり、ここではとりあえずシェアを占めるという価格でないと意味がない。

【競争目標】 0405

自分より上位の相手です。上位と戦う力を蓄える。

【共通言語】 0406

誰に聞いても同じ答えが返ってくる。皆が同じ方向を向くために必要。これがない会社は致命的です。

【共通の道具】 0407

「経営計画書」と『仕事ができる人の心得』です。社内教育のテキストで使用すると全員が同じ価値観に揃う。

【共同経営】 0408

創業したての苦しい時代に、寝食を忘れて協力した人も、売上が上がり利益が増大すると不満を言い始め、うまくいかなくなる。**うまくいっていない時が華です。**

【業務改革】 0409

信じるな。疑うな。現場で確かめよ。

【業務遂行】 0410

上司が**仕事の指示を正しくする**。部下は**正しく受ける**。最重要課題は**情報をつなげる**ことが上手か下手か。次に**仕事をシステム化し習慣化する**。

【拒否】 0411

初めに悪い物に出合うと、次によい物が現れても、一歩も**踏み込めない**。

【嫌い】 0412

欠点ばかりが目につくことです。あなたが嫌いだと思っている人は、あなたを倍嫌いだと思っている。

【切り替え】 0413

同じ価格、同じ商品で負けた場合、「これだけやったのだから仕方がない」と諦める。本当は悔しくてたまらなくても、そうしないと次のセールスに影響が出ます。仕事は1週間、1週間が勝負です。

【規律】 0414

「整頓」を実行する。目で見て実行すると心が揃う。

【義理人情】 0415

義理は世渡りの掟、情の掟です。上手に間違いなく世を渡るには①顔を立てる。②よく根回しをする。③相手の状況を判断する。④人前で行わない。**こういう戒めが大切です**。

【気力】 0416

並いる強豪を倒して、日本一になるのだという目標をもっ

た時に出てくる。志の前に一人一人の意欲が高まる。

【均一サービス】 0417

複数のスタッフがサービスを行う時は、バラつきがあることをお客様に事前に伝える。

【緊急支払い能力】 0418

月商の最低１倍は必要、３倍の現預金の残高を確保することが望ましい。不測の事態やＭ＆Ａに対応できる。

【金欠病】 0419

仕事をして、ジーッとしていれば治る。

【銀行】 0420

会社が困った時に、**助けてくれるのも銀行、逆に見捨てるのも銀行です。**見捨てられない経営をして、困らないようにしておくのが社長の仕事です。

【銀行訪問】 0421

３～４ヵ月に１回、業況説明と表敬訪問をする。**業績が良いとか、悪いとかは、関係なく行く。**幹部が一名・二名同行する。訪問日は15～20日がよい。

【緊張】 0422

自分のレベルが下がる。汗をかいたり、体が固まったり、思考が一方通行になる。回数をこなすしかない。

【金利】 0423

①経常利益の10％以内なら問題はない。②お金は借りれば借りるほど金利が安くなる。銀行が１億円を１人に貸すよりも10万円ずつ1000人に貸す方が手間がかかるので、金利は高くなる。

【クイックレスポンス】0424

よい返事をしようとして**遅くなるより**、2時間以内に連絡し、**教えていただく。スピードが命**。相手は早く報告が欲しいから頼んでくる。

【空中戦】0425

ＩＴツールを導入し、バックヤードをデジタル化し、どのフィールドでも仕事ができるようにし、効率よく業務を行えるようにすることです。お客様満足度を向上させる。

【くさる】0426

物が動かないことです。お金が動かないと心がくさり、環境が変わらないと会社がくさる。

【苦情】0427

お客様の価値観によって変わる。やり方のよし悪しでお客様の感情は変わる。魚屋で魚を売っていないと怒る。

【苦情処理】0428

周りで見ている人が「それほどしなくてもよいのに」と思えるくらいに、お客様にお詫びをするのが一番です。

【癖】0429

意識のことです。頭の中のプログラムです。

【具体的】0430

人が行動できるように説明したり、文章にすることです。**量で表示し、量で指示する**。質を問題にするのは後回しでよい。

【愚痴】0431

不幸のイメージ化です。ダメ人間の手軽なストレス解消法

です。仕事や人間関係がうまくいくならよいが、実際はなんの変化も起きません。時間の無駄です。

【口コミ】 0432

信用を得る最高の宣伝です。好意的なものを1とすると、非好意的なものはその10倍の広がりがある。**クレーム処理はすべてに優先します。**

【口と耳】 0433

人間はなぜ口が1つで耳が2つあるのかというと、話すことの倍聞くためです。

【苦痛】 0434

無意味な作業を強いられる時です。

【区別】 0435

お客様や社員を差別してはいけないが区別は正しい。1,000円のお客様と100万円のお客様で同じ対応はダメ。頑張っている社員と頑張らない社員は、給料、賞与で差がつくのが正しい。

【クライアントフォーカスミーティング（ＣＦＭ）】 0436

一社（一人）のお客様を担当するメンバーで集まって、お客様のご要望やお客様が抱えている問題点などを話し、共通の認識にする会議です。

【暗い人】 0437

自分でなんでも解決しようと思っている人です。自分のカラに閉じこもる。

【苦しい】 0438

一時的なものです。自分でつくりだしている。

【グラフ】 0439

①結果を出すことが目的なのでやる気になるように効率悪く作成する。目盛りを大きくし、成績はグラフから飛び出させる。②遊び心を入れてつくる。ストレスがたまらないものをつくる。楽しく、終わりの見えるものにする。棒グラフならば1人1本でなく、5本に。③**本人と上司の名前を載せる。上司が責任をもって指導する**。④タテ軸は0からでなくてもよい。

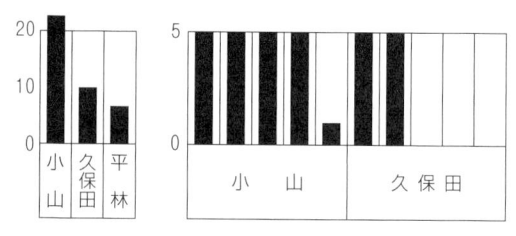

【苦しみ】 0440

病気、貧困、争いの3つです。

【車の運転】 0441

その人の能力がわかる。創意工夫する人、慎重な人、よく事故を起こす人（フロントにいつも物が置いてある）、日頃ボーッとしている人……。仕事も車の運転も**同じ頭でやるからです**。

【クレーマー】 0442

クレームとクレーマーは違う。クレーマーは嫌がらせが目的なので、断固として戦う。泣き寝入りはしない。

【クレーム】 0443

発生の責任は社長にあります。お客様の目から見た、業務改善点の指摘です。誰にとっても厄介でイヤなものです。だから社長が先頭に立って処理をする。細かいことはあまり言わないお客様ではなく、反対にうるさく言ってくださるお客様こそ、会社のサービス向上のための大切なお客様です。クレームを言ってくださらないお客様は、必ず黙って去っていきます。

【クレーム処理】 0444

社長が損を覚悟する。必要な費用は一切惜しまない。事を大きくすることが大切です。特に上司が報告を受けた時、部下の後始末をするつもりで力強く引き受ける（「そのくらいのことで電話してくるな」などと逃げない。部下は困っているから報告してきている。何よりお客様は当事者よりも、上の人のお詫びの言葉を待っています）。お客様から「もうよい」と言われて解決とする。お客様は商品やお金のことを言っているのではありません。傷ついた心を癒やしてくれるのを待っている。

【クレーム報告】 0445

伝わってこないクレームが会社をつぶす。現場からの報告が早い会社は売上が伸びる。クレームが発生したら、まずお客様にお詫びをしてから上司に報告をする。報告を受けた人が、さらに上司と社長に報告をする。

【苦労】 0446

自分のエゴイズムから出たものは身につかない。納得のい

かないものや、人の役に立つものは身につく。

【クローバー】 0447

お客様先で活躍しているモップやマット。保証金を支払っ
てダスキン本社から借りている。お金と同じです。

【訓練】 0448

繰り返すことで身につけ、慣れさせる。

【経営(1)】 0449

経験・体験の科学です。現実・現場の失敗体験でしか学べ
ない。幹部・子供に継承できない。

【経営(2)】 0450

環境適応業です。変わらなければ失敗する。意思決定の連
続。攻めが80%、撤退が20%です。成功の経験と同様に、
失敗の経験が数多く必要です。**致命的にならない失敗の経
験を若い時にすることは、特に重要です。**

【経営幹部】 0451

それぞれの立場で実行隊長を務めるのが幹部の役割です。

【経営計画書】 0452

**わが社がどうあるべきか、どうしたいかをまとめたもので
す。**この社長の意図を実現するため、それぞれの立場で実
行隊長を務めるのが幹部の役割です。**方針は社長の姿勢で
す。**社内教育の教科書です。

【経営計画】 0453

経常利益から逆算して計算しないと、利益の出る計画はで
きない。来期も同じ事業をするのだから、同じ粗利益率、
労働分配率を使用する。

項　　　目	目標	計算額	
売　　　上	300	⑨	粗利益÷利益率
仕　　　入	150	⑩	⑨－⑦＝⑩
粗　利　益	150	⑦	人件費÷労働分配率
人　件　費	100	⑥	平均給料×人数
経　　　費	40	⑧	⑦－⑥－⑤－④＝⑧
減価償却費	3	⑤	有形固定資産の15%
経　費　計	143		
営　業　利　益	7	④	①＋②－③＝④
営業外収益	1	③	定期預金×金利
営業外費用	2	②	借入金×金利
経　常　利　益	6	①	会社が生きるために必要な金額

【経営計画発表会】 0454

経営計画書は仏です。経営計画発表会で社長が口頭で発表して魂が入る。無理を承知で、社員に協力をお願いする。一部は社長の方針と社員表彰、二部は懇親会です。銀行の支店長は定刻の開始と懇親会の早食い競争（一体感）を評価する。融資が受けやすい。

【経営原則】 0455

企業が成長するためには、**一番になるか、時流に合わせるか**です。一番になると時流に合わなくても伸びるし、時流に合うと一番でなくても伸びる。**もし一番で時流に合えば急伸する。**

【経営者】 0456

一攫千金を狙ってはいけません。地道な努力を積み上げることです。会社の将来のことを自分自身の判断で決定し、そのために現状を変えるのが経営者の役目です。現状を守ろうとするのは、事務屋です。**常に最悪のことを考えて手を打っておく。**

【経営戦略】 0457

常に先手をとることによって、大きな効果を生む。①新製品開発、②シェア拡大、③コスト削減、④多角化・事業転換。新製品開発はいつも業績がよい。

【経営方針】 0458

経営理念の実現に向けた方向性を示すもの。社長の姿勢を示したものです。初めての方針作成は10個以内にする。お客様に関する方針、商品に関する方針、営業に関する方針、ライバルに関する方針。この4つは外さない。方針が多すぎると社員が放心状態になる。毎年、「更新・見直し」が大切です。

【経営理念】 0459

会社の経営に対する、基本的な姿勢のことです。違う目的、違う立場の人が一緒に仕事をする時に必要です。**変ってはいけないものです。変わらなくてはいけないのは、戦略・戦術です。**

【計画】 0460

夢に数字を入れることです。自分の意思を数字にする。計画を立てると自社の知りたくない現状を知ることになる。

頭で考えないで、数字を置いて（書いて）眺めて考える。

【計画性】 0461

今日実行したことを、 1週間後、1ヵ月後、1年後のスケジュールにすることです。80%以上は繰り返しの仕事です。

【景気後退】 0462

高級飲食店が先に売上が落ち、大衆店は半年遅れる。常に先行指標となる業界を見つめていればわかります。

【経験】 0463

実務の幅を広げる。 初めてのことは最初は失敗するのが当然です。小さな失敗を経験する。失敗をしながら未経験の分野を体験していくことです。

【稽古】 0464

目先を見ないで、3年先を見すえて日々修業する。

【迎合】 0465

部下とお友達になっている、仲よしグループです。仲よしであっても**よいことは1つもない。**

【経常利益】 0466

黒字も赤字も社長の決定しだいです。 赤字になったのは、社長が赤字になってもよいと決定し、対策が遅れたからです。

【継続】 0467

何かを制限しないと長くは続かない。**同じことを繰り返し行うことは、どんなに素晴らしいマニュアルにも勝る。**

【経費】 0468

コントロール不可能な費用です。**善と悪の費用があります。**

販売促進費を減らすと企業間競争に敗れる。

【経理】 0469

長くさせると力を持つ。自分に力があるように錯覚する。不正防止策は定期的な担当替えです。

【下駄】 0470

履かせてはいけない。 優秀な人に履かせると、次の評価の時に差がなくなるので不満をもつ。古い人に足を引っ張られる。

【計算尺】 0471

資金運営上の個人的金銭感覚と、会社における資金感覚との混同をしないために、運用および計画の際に、担当する部署の在籍人数による人頭割りをした金額です。

> 例
> 会社の内部留保（個人の預金のようなもの）は31年間で1億8000万円。
> 従業員350人（パート・アルバイト含む）。
> 180,000,000÷350≒514,286
> 31年間かかって、たった51万円しか預金がない。

【ケチ】 0472

①上司の評価が高いのは部下が頑張ったからです。賞与Ａ評価は25%を部下への労いに使う。②社長が高級車に乗ったり、身なりにお金を使うのは正しい。③自分だけにお金を使って社員にお金を使わない人は社員から慕われない。

【結果】 0473

どんなに努力をしたと主張しても、どんなに理論が理にか

なっていても、**利益がなければ失敗です。**

【決算】 0474

①１円も脱税しない。②実体のない資産は計上せず、商法に基づき**極めて辛い正味の決算を組む。**③引当金・準備金は**限度一杯まで引きあてる。**④**衆知を結集して節税する。**⑤配当は10%を目安にする。

【決算書】 0475

会社の経営の実体をつかむ貴重なものです。経常利益と収益力、売上高と経費バランス、内部留保と資金繰り、利益処分、安全性、甘い決算と辛い決算、取引先の信用調査、納税申告……決算書の本当の意味を見抜くことができれば、自社の経営状況を正しくとらえ、適切な手が打てるし、会社をどんどん発展させることができる。

【決算書を読む】 0476

３期分読まないと何もつかめない。

【月次報告】 0477

１日に全社と事業部の売上と経常利益を報告する。完璧でなくてもよい。スピード優先。

【欠席】 0478

あなた１人の問題ではない。周りのみんなが迷惑する。

【決断】 0479

①あくまで自分の責任においてやる。②よき相談相手をもつ。③常にお金がついて回る。

【決断力】 0480

すぐに実行することです。

【決定】 0481

いくつかある手段の中から選択する。未来の方向を決めるための、**社長の一番大切な仕事です。**会社の運命が決まります。「やり方」によって決まるのではありません。社員の一番大切な仕事は**実施**です。

【欠点】 0482

どうにもならない。長所を伸ばすことに力を注ぐ。他人に影響しなければ、無視する。人に指摘されて直るものは欠点とは言わない。

【欠品】 0483

商品の切れ目が縁の切れ目となり、ライバル会社との縁の始まりとなる。

【欠品情報】 0484

商品がいつ入ってくるか、それとも未定なのかを明らかにする。

【原案】 0485

まとまったものをつくると、突っ込んだ検討ができない。

【原因】 0486

業績不振の原因は必ず内部にある。外部要因はきっかけにすぎない。

【限界】 0487

自分（自社）で勝手につくっているものです。トップも個人も組織も毎年、歳をとる。お客様は毎年若くなる。そのことに気づかないで、今を変えようとしない。だからそのギャップが広がり独りよがりの考えになり、壁になる。

【見学】 0488

自社のプラスになることに出合う。よいところを見てくる。たいしたことをやっていないと思ったら、**自分のレベルが低いからです。**問題意識のない人は取り入れるべきことが見えない。

【元気】 0489

笑えることです。私生活でも会社でも。**社長の元気が会社の元気。上司の元気は部下の元気。**

【研究】 0490

外に出て他社の優秀な点を発見し、目をこやすことです。

【謙虚】 0491

失敗をいちいち正当化しない。周りの人がバカらしくなって、本当のことを言わなくなります。

【現金】 0492

血液と同じで、流れが止まると倒産する。会社の資金は、現金に始まって現金に終わる。営業マンの仕事は、単に商品を売るだけでなく、現金を回収して初めて終わる。**現金（B/S）は現実、利益（P/L）は見解。**

【現金残高】 0493

前月の同日比の銀行残高の増減が経営には一番大切です。儲かっていても現金がなければ倒産する。

> ○月○日
> 現預金残高（前月同日）789：（555）
> 　　　　　　　　　　　+234
> ×月×日付けで△△銀行が200融資実行

【権限】 0494

経営方針にそって活動するために与えられる、計画を立案・実行する権利と、それを満たす条件を行使することができる権利。ただし、必ずその実施責任が伴う。

【権限移譲】 0495

今の仕事を部下に明け渡し、自分は次の仕事に取り掛かる。

【健康】 0496

①1日8時間を目標に寝る（2024年は10時間睡眠が6回、9時間睡眠が5回、7時間以下は0です）。ほとんどは8時間。

②**スマホを見ながら寝ない。脳が興奮してなかなか眠れない。**

③お酒は飲む量を決める。2週間に1度休肝日を作る。ビールやワインなどはつぎ足ししないで、グラスが空っぽになってからつぐ。そうしないと、何杯飲んだかわからない。

④体にストレスをかける。毎日6500歩歩く。60歳まで1万歩くらい歩いていた。

⑤夏は厚着、冬は薄着が基本です。

⑥ストレスはお金を使ってすぐに解消する。嫌な思いをずっとためておくと、心が不健康になり、体も不健康になる。

【健康管理】 0497

一生の仕事です。 どんなにお金があっても病気では幸せになれません。各自責任をもって行う。

【現在】 0498

過去の決定です。よくても、悪くても。

【現実】 0499

自分の手足を動かして、自分で触れて、自分で学んだものです。自分の肌で体感したものだけです。

【検証】 0500

実行した後に、成果を確認する作業です。幹部に求められる。

【現状】 0501

何をやったらよいかわからないのではなく、**今どうなっているかわからない**ということです。いろいろと見て回る、聞いて回るのが一番です。

【現状維持】 0502

長い目で見れば先細りです。

【賢人】 0503

傾聴力のすぐれている人です。

【減点主義】 0504

無能な管理職の得意技です。アラを探し、欠点を見つけ、それも大勢に影響のないような問題を取り上げ、重箱の隅を楊枝（ようじ）でつつく。

【検討】 0505

１ヵ所だけ変えて、比較することです。

【見当違い】 0506

人は信用してよいが、仕事は信用してはいけない。社長が現場の仕事をしたのだから大丈夫ではなく、社長が現場の

仕事をしたのだから一番あぶない。ポイント、急所がずれている。

【現場】 0507

現場に足を運んでみないと、**本当のことはわからない。**現場で人の話を聞いてみる。報告を真に受けてはいけない。

【現場主義】 0508

会社が仕事や現場をつくるのではありません。会社は場を与えるだけで、仕事をつくるのは社員、現場をつくるのは管理職です。その中から改善できる体質が生まれる。

【現場第一】 0509

1週間に2度も現場責任者を本社に呼びつけてはいけない。現場で稼ぐ人がいなくなる。**上司が出向いていくのが本当。**

【現場100回】 0510

新しい部署に来て一番にする仕事です。管理職は部下に同行して早く現場を知る。50回の時もある。

【兼務】 0511

意味がない。楽なほうに流れる。困難な仕事より、楽な仕事をしたいと思うのが人の常です。少々能力不足でも若手を抜擢したほうがよい。事務管理は日にち、時間を明確に分ければ効果がある。

【権利】 0512

それぞれが持つ権利義務については、お互いが理解し、知っておく必要がある。

【権利と義務】 0513

社員は働きやすい環境で仕事をする権利もあるが、決めら

れたことを決められたとおりに実施する義務もある。

【権力】 0514

トップに集中する。判断を誤らないようにチェック機能が働かないと、とんでもない悪行がまかり通る。

【効果】 0515

新規事業に最初から大金を投入するのと、新人に研修を3ヵ月間毎日行うのは、投資のわりには成果が極端に少ない。2、3年たって、その事業のメドが立ってきてから、新人が仕事をわかるようになってきてからやったほうがよい。

【降格】 0516

等級が下がることです。

【講義】 0517

自分の仕事に置き換えて聞かないと身につかない。

【好奇心】 0518

動機は不純でもよい。意外に勉強につながる。

【高給取り】 0519

給料が安く、経験も判断力も乏しい人が手持ちぶさたでブラブラするのは仕方がないが、**役職者は社長の方針をスピードで実行する。**

【後継者】 0520

自分の仕事を任せられる人。魚の食べ方ではなく、釣り方を教える。釣り竿も貸します。でも釣るのはあなたです。

【広告】 0521

売上が伸びる時はどんどんやる。ダメな時はやめる。

【広告一等地】 0522

駅を出て最初に見えるところ。

【広告宣伝費】 0523

効果を数字で測れない。例：広告塔、テレビＣＭ

【交渉事】 0524

①体力が勝負。②自分の陣地で行う。③人数を多くする。必ず２人以上で、嫌われ役とまとめ役で交渉する。

【攻勢】 0525

自分の強いところに力を入れて、相手の一番弱いところを攻める。

【好調】 0526

勝って兜の緒は締まらない。社内が緩んで凡ミスが増加する。本部長職以上の賞与を10分の１にするしか対策はない。

【高賃金・低人件費】 0527

社員は**自分の損得には敏感**だが、全社のトータルな数字には目を向けないものです。人件費は、絶対額は問題ではなく、人件費率と労働分配率が大切です。

【交通事故】 0528

人災であり、犯罪です。たった１秒の不注意です。事故を起こすと何日、何ヵ月も費やすことになる。**１分早く出かけることです。**

【更迭】 0529

グループ（役職）が下がること。経営方針に違反していたり、見て見ぬ振りをする社員、決められたことをやらない幹部は更迭する。下のクラスで３年以内にＡ評価を取れば

復帰できる。

【行動】 0530

勘や経験だけに頼ると、勝手な思い込みが生まれる。若いときの勘や経験ほどあてにならないものはありません。数字を基に行動する方がずっと信頼できる。

【行動管理】 0531

上司が毎日行う。きめ細かくチェックする。仕事の90%がチェックです。成果の出ない仕事はやめさせる。

【行動指針】 0532

お客様のためによいと思うことは「すぐやる」。いつかいつかと思うなら、今。もっとよい方法が見つかったら「すぐ変更する」。間違えたと思ったら「すぐやめる」。失うものより得られるもののほうが大切です。

【高度化】 0533

みんながITツールを使い仕事ができるようになることです。質がよくなること。複雑にすることではありません。

【後輩】 0534

悪いことや安易なことはすぐに真似するが、よいことや難しいことを真似させるには、大変根気のいる人たちです。また、先輩社員の悪い部分だけを映す鏡になりやすい人たちでもあります。

【公平】 0535

チャンスが平等に与えられ、成績によって処遇に差がつくことです。自由と能力に応じた平等が正しい。

【公募】 0536

誰にでもチャンスを与えられる。総務課長の公募は方針共有点80%以上、２年以内に対象グループでＡ評価（１グループでＳ評価は可）が条件。

【合理化】 0537

いらない仕事を捨てることです。 いらない仕事はどんどん手抜きをし、どうでもよい仕事はしない。

【声】 0538

思いと体がつながった結果です。一般的に明るい人の声は大きく、暗い人の声は小さい。

【声が大きい】 0539

①リーダーシップを発揮し、人をぐいぐい引っ張っていく。②何ごとにも自信をもっている。③仕事ができる。

【５Ｓ】 0540

「整理・整頓・清掃・清潔・躾」の５つの活動のこと。製造業で多く取り組まれている。安全確保、品質や生産性の向上を目的としている。対して、環境整備の目的は強い組織づくり。

【誤解】 0541

人生にはつきものです。わからない時にはどんなに言ってもわかってもらえない。解ける時にはおのずと解けるものです。

【五月病】 0542

学生と社会人では、生活環境や価値観が180度変わるからです。

【顧客管理】 0543

一の単位でやらないと意味がない。一軒の集合が万単位の軒数になる。お金は１円まで把握できるので、お客様軒数は概算ではいけない。

$$\text{①軒} + \text{①軒} + \text{①軒} + \text{①軒}$$

$$\cdots + \text{①軒} = 75{,}662\text{軒}$$

【顧客数】 0544

何もしないと、一般家庭では４年で30％の人が移動する。飲食店は５年で70％が変わる。

【小口現金】 0545

社長決裁なしで現場で使用できる現金。3,000円以内。上司がチェックする。お金の管理（30,000〜80,000円）は職責最下位の社員が担当する。

【心】 0546

安定させるのが難しいものです。

【心しだい】 0547

多くの人は、自分はちっとも変わろうとせず、周りを変えようとばかり考える。「○○がこうしてくれたら」。自分が変わらなければ、何も変わらない。**自分が変われば周りが変わる。**

【心の法則】 0548

良い想いで行動すれば良いことが起こる。悪い想いで行動すれば悪いことが起こる。

【心を込めて】 0549

お客様の価値判断で損益分岐点を越えることです。形でしか表現できません。

【腰が軽い】 0550

幹部の条件の１つ。毎日毎日現場を見て歩き、問題点がない限り１ヵ所にとどまらない。

【個人教室】 0551

集合教育は効率がよいが、人が育たない。人は手間をかけないと育たない。教室は３人以内です。先生は同じテーマの50分授業を３回行う。一時間目は先生の教え方が下手で、生徒は何を教えられているかよくわからないが、三時間目になるとようやくわかってくる。同じことを同じ人に教えたり、聞くのは大変だが、先生が変わると気分が変わる。生徒のレベルに合わせることができる。わからないところを恥ずかしがらずに聞ける。

	矢 島	滝 石	佐 藤
一時間目	Ａ教室	Ｂ教室	Ｃ教室
二時間目	Ｃ教室	Ａ教室	Ｂ教室
三時間目	Ｂ教室	Ｃ教室	Ａ教室

【個人面談（社長）】 0552

上司同席で一人10分間、年２回行う。最初の５分間は本人が自己採点から始める。自己採点０点・50点・100点は不可。50点は49点、51点に直させる。０点と言う社員には賞与がゼロと言うと「スミマセン」と素直に謝って訂正する。社長が５分間話をする。上司同席でないと社員は嘘を言う時

がある。

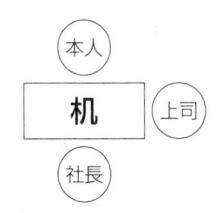

【個人面談（上司）】 0553

定期的に評価シートを使用して行う。個人面談をやめると3ヵ月くらいして、人が一人二人とやめる。面談の内容は51％以上聞くことに重点をおく。最低20分間は話を聞く。話すことよりも聞くことのほうがはるかに重要です。面談は毎回同じ内容がよい。リスト化する。【評価項目】（244ページ）参照。

【コース整頓】 0554

ルートコースを、整理ではなく整頓する。並べ替えはiPadで行い、地図で確認する。

【コスト】 0555

販売が会社の運営上第一で、コストはその次です。 売れて初めてコストが発生する。売れなければただのロスです。

【コストダウン】 0556

その日のことはその日のうちに済ます。明日はまた新しい仕事がある。すぐにやることが、サービス業ではコストダウンにつながる。会社で一番かかる経費が人件費です。

【コース表】 0557

これがないと一日が無駄になる。あらかじめ順番を決めて

訪問する。現実は予定通りにいかない。だから、コース表を修正する。最も大切な資源である「時間」を浪費しないために用意しておく。

【午前中】 0558
最重点、重点の仕事をすることを原則とする。

【子育て】 0559
仕事はいつでもできるが、子育ては今しかできない。

【答え】 0560
世の中には落ちていない。自分で問題を探してこそ答えは見つかるものです。同じ答えであっても、人によって意見や好みが異なるので、他人に押しつけたり強制したりしてはいけない。

【コツ】 0561
人を育てる時は「甘くても」「辛くても」いけない。多くを教えすぎることを「甘い」と言い、教えないことを「辛い」と言う。原理は簡単です。本人がその気になるのを待つ。そうなった時に教えればよい。大切なのは、人がアドバイスを欲しがっている時に教えてあげることです。

【固定観念】 0562
思い込みが激しく、常に情報を集めて記憶の修正をしようとしない。

【固定資金】 0563
社長の仕事です。運転資金は社員の協力のもとでやる。

【固定資産】 0564
決算期末から１年以内に現金化されにくい資産です。有形

固定資産は、減価償却が発生します。

【固定費】 0565

売上があってもなくてもかかる費用です。 売上の増減にかかわらず、**期間に比例して発生する費用。** 人件費、経費、減価償却費など。**その代表が給料です。**

【言葉】 0566

相手に自分の考えていることが伝わって初めて、言葉と言う。**数字を使うとわかりやすく伝わる。たった一言が、人の心を傷つける。たった一言が、人の心を温める。**

【子供】 0567

親の言うことは聞かない。親のすることは真似る。

【こども会社見学会】 0568

「会社の常識は家庭の非常識」な部分もある。家族に理解してもらうためには社長と現場を見せるのが一番です。成果の出る仕事をするには家族の協力が必要です。

【子供に数字を教える】 0569

２歳の子供は、モノを押すのが好きです。テレビのリモコンを押させてほめると数字を覚える。１から100までの数を数えるには、１円玉10個・５円玉２個・10円玉10個・50円玉２個と100円玉１個を用意してアナログで教えると覚えやすい。

【コネ】 0570

自分の仕事をしながら作っていくものです。 親のコネは亡くなったらなくなる。

【好み】 0571

第一印象で決める。 あれこれ迷うとカスに当たる。

【コマ切れ時間】 0572

この時間の使い方が明暗を分ける。

【コミュニケーション】 0573

「感情」と「情報」のやり取りです。アナログで分かち合い共有しないと良くならない。感情は情けの回数が大切で、情報は事の回数が大切です。

【小山昇】 0574

武蔵野の象徴です。先頭に立って一番汗をかいて働いています。誰も真似することができない唯一無二の存在です。

【ゴールデンタイム】 0575

１日のうちでＡＭ11:45とＰＭ5:00前が一番リラックスしている。この時間を逃してはいけない。

【ゴールデンルート】 0576

誰もが同じ流れで営業を行うことで、同じ結果が出せる武器です。商品（クリーンリフレ）の除菌力、安全性、消臭効果は文字や言葉だけでは伝わり難いです。

商品の目に見えない強みを【雑菌の減少】（顕微鏡のミルキン）・【安全性】（デンプン紙で色で確認）・【視覚】（玩具に付着している雑菌をミルテスターで計測）・【聴覚】（臭気計で計測）でエビデンスとして直接伝えることができ、五感に訴えることで効果が増します。

【コロコロ変わる】 0577

この変化の激しい時代、お客様の希望する商品・サービス

を提供できるように組織も活動も変えなければ、会社は成り立ちません。**お客様の要求に合わせて、コロコロ変わることを誇りとする。**

【懇親会】 0578

コミュニケーションをはかるために、時間と場所を共有する大切なものです。飲食は人をゆるます。

【コンセプト】 0579

難しく考える必要はない。「狙い」と置き換えるとよくわかる。

【コントロール】 0580

まず終わりを決めることです。目標が先。

【困難(1)】 0581

目は怖がるけれど、手は怖がらない。目は臆病だけれど、手には勇気がある。困難な状況に直面したとき、最初に目や頭に頼ってはいけない。まずは何も考えずに手足を動かし、体を動かす。

【困難(2)】 0582

人をダメにするか、逆にたたき上げるかのどちらかです。**その人のレベルに合ったものが回ってくる。**大きい問題は、直接上の人にふりかかる。

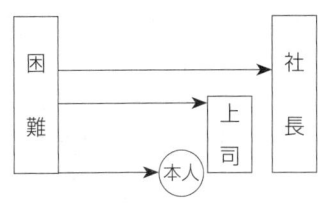

【混乱】 0583

不測の事態に陥り、正しい情報が入ってこない時に起きる。収拾がつかなくなる。少しの情報でいいから、定期的に流すと落ち着く。

【在庫】 0584

お客様は商品の旬を好み、商品はカビを嫌う。多いと売り方が雑になる。**在庫は借入金で成り立っている。**金利負担増になる。

【在庫処分】 0585

社長の許可を受けてからやる。会社の財産の処分なので、勝手にしない。**税務署**の許可を取り記録を残す。

【採算】 0586

どんなによいことでも**採算が合わないことは、**企業経営においては**やってはいけない。**この世の中に存在できるかどうかの決め手です。

【財産】 0587

目に見える財産は価値がだんだんとなくなるが、目に見えない財産（体験・経験・知識）は価値が増していく。目に見えない財産を求める人は、心が豊かな人です。

【再就職】 0588

５年以内の退職者は受け入れる。他社の体験者は、一人も辞めない。

【最小限】 0589

人員を減らしてから仕事を考える。どうでもよい仕事が自動的になくなる。

【最小限管理】 0590

管理をしないのが最上の管理です。管理をしなくてはならないと思って、100項目、1000項目チェックしても、経営は黒字にならない。きめ細かい管理は費用だけが増加する。

【最初の山】 0591

新入・中途社員には、無理を承知で乗り越えなければならない山がいくつか待っています。その山に背を向けていると、それで人生終わりです。

【最頻値】 0592

最も固まりの多いところを指す。平均値で見るとマーケットを見誤る。

月収1000万円の人 　　　　月収10万円の人

1000万円＝1人

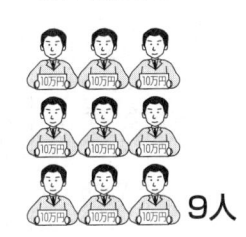

9人

マーケットの大きさは1090万円で平均は109万円。最頻値とはもっとも多く分布している値です。人数の多いゾーンをターゲットとして、10万円以下の商品を売るのが正しい。

【催促】 0593

うるさいところから支払いをする。売上金の入金が遅れた時などはすぐに言う。お客様だから**悪いと思うのは、次元が低いです。**相手が忘れている時もある。**言うのがしっか**

りした会社（人）です。

【最大の敵】 0594

時代です。

【才能】 0595

何かがちょっと普通の人よりできる人のことを「素質がある」と言う。才能は、上司しだいで育つ。先生しだいで育つ。**自分しだいで育つ。育てるものです。**

【財務分析】 0596

絶対値だけを見てはいけません。傾向を評価して初めて、事態を正しくとらえることができます。**事前分析が正しい姿勢です。**

	項目	計算式	意　　味	期首	期末	目標	傾向
経営効率	総資本純利益率	$\frac{純利益}{総資本}×100$	いくらの総資本額でいくらの純利益を上げたか預金金利以上か	2.0	3.9	4.0	↗
	売上高純利益率	$\frac{純利益}{売上高}×100$	いくらの売上でいくらの純利益を上げたか	1.9	2.9	3.0	↗
	総資本　回転率	$\frac{売上高}{総資本}$	1年間に総資本の何倍売上たか、資本の有効活用を見る	1.3	1.3	1.5	→
回転率	売掛金　回転率	$\frac{売上高}{売掛金}$	何カ月すると現金になるか	14	15	15	→
	棚卸資産回転率	$\frac{売\ 上\ 高}{棚卸資産}$	何カ月すると現金になるか	41.6	41.9	50.0以下	↗

【再面接】 0597

入社1週間以内に行う。以前の体験と新しい体験のギャップを埋める。条件面などを再確認する。

【採用(1)】 0598

簡単に入社できた人ほど、簡単に辞めていく。一緒に働く人が採用担当になるのが一番。現実・現場・現物を数多く体験させて、良いところ、悪いところを見せる。隠しても、入社すればバレる。

【採用(2)】 0599

採用の失敗は教育では取り戻せない。適性検査を使わないのは目をつぶって採用するのと同じ。

【採用基準】 0600

価値観を共有できる人を優先して採用する。

【採用担当】 0601

学生と年齢が近い者が務める。年齢が離れすぎていると学生と価値観が合わない。EG（16ページ参照）は4色均等か3色優位の人が良い。

【採用面接】 0602

自分より優秀な人を採る。将来その人に食べさせてもらうようになるからです。

【先入れ、先出し】 0603

商品は生き物と同じで、鮮度が命です。出庫する時は、先に仕入れた物から順にすることです。

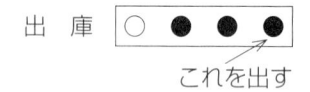

【先取り】 0604

いま現在できること、次の行動の時間を**決める**ことです。

【先を見る】 0605

①ホームに人がいれば電車が来るので急ぐ。人がいなければ電車が出た後なのでゆっくり歩く。②飲みに誘っても来ない、報告が少なくなる、遅く来て早く帰る。これは退職を考えている。③開店前のレストランで厨房にコックの多い店は繁盛店です。④黒服やボーイの多いクラブやキャバクラは繁盛店です。⑤参加者が後ろから座るセミナーはダメ。前から座るセミナーは、良いセミナー。

【作戦】 0606

利益目標を達成するための具体的な方法を決めることです。売る時と買う時は違う。

【サシ飲み】 0607

部下と一対一で話を聞く場で、夢と希望を共有する場になる。1回目は自己開示シートを使って上司から自己紹介をする。費用は会社負担で残業代支払。お互いの共通点を見つけることが大事です。2回目はプライベートの話や今後の目標など、普段は聞けないことを聞く。

【挫折】 0608

人の心がわかって、部下と一緒に歩むことができるように
なる。人間が育つチャンスです。

【左遷】 0609

自分が拒否してどこにも動かされないことです。適材適所
に人事配置をするうえで、配置を断り、新たな体験をしな
くなることです。

【悟り】 0610

自分中心の行動から、他人中心の行動になることです。

【サービス(1)】 0611

100−1＝0。99の完璧を積み上げても、最後の1をミスす
れば、結果はゼロになる。0+1＝100。あまり能力が高く
ない社員が多い会社でも、一人の社員が特定のお客様に誠
意を込めて頑張れば、評価される。お客様から見れば社員
は会社の代表です。

【サービス(2)】 0612

生産と消費が同時に行われる。やり直しができない。マン
ツーマンでないものは受け入れられない。**心と心のまじわ
りをつくる**。どんなによいサービスも、お客様に満足して
いただけないものはサービスではありません。お客様に気
に入っていただくのがベストサービスです。

【差別化】 0613

目で見て認識できないとダメです。他社との競争の基本で
す。敵や競争相手に対して、"**差**"をつける。3つ以上な
いとダメ、競争相手がイヤがることをやる。**自己満足では**

意味がない。

【差別化チラシ】 0614

ロイヤルカスタマーにヒアリングをして、自社の強みとお客様の声を把握します。表面に自社の強みを、裏面にお客様の声を記したチラシ。

【サボリ】 0615

損をするのは自分自身です。**あとで痛い目にあう。**会社はなんの損もしない。上手にサボッていても、見ている人がいます。**それは、良心というもう１人の自分です。**

【サラリーマン】 0616

上司も部下も選べない。

【去る者は追いかける】 0617

「辞める」という人には、理由を聞き、極力その人に合わせた対応をする。勤めてまだ日が浅い人は、事情がよくわかっていないので上司が話を聞く。

【残業】 0618

今の若い人が最も敬遠している。お金を稼ぐよりも休みが多いことを望む。ならば会社は今の若い人に合わせる。時代は変わった。トップが減らすと決めれば減る。減らないのは社長の罪悪です。勤務時間を減らしても業績は下がらない。

【サンクスカード】 0619

従業員同士で小さな行いに感謝しあい、コミュニケーションを円滑にする。幹部は１ヵ月20枚以上を目標にする。以前はカードを手書きで書いていたが、年間10万枚を超え

て集計できなくなり、「サンクスカードアプリ」に変更。

【賛辞】 0620

惑わされて、自分自身で考えることを忘れ、実体のない砂上の楼閣であることに気づかなくなる。しばらくして厳しい現実に引き戻される。

【三定管理】 0621

「何を」「どこに」「どれくらい」を明確にして管理をすることです。「何を」は「定品」として物の名前の表示、「どこに」は「定位置」として場所の表示、「どれくらい」は「定量」として数の表示を行う。この「定品」「定位置」「定量」管理を「三定管理」という。

【三流】 0622

欠点しか見えず、欠点だけを指摘する。人間には、本来、欠点より長所のほうが多いので、欠点には目をつぶって長所を伸ばすことが大切です。

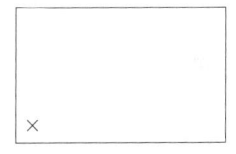

白い紙に×のほうが小さいが目立つ。

【幸せ】 0623

ここにはありません。みんなで**つくり上げていく**ものです。他人が持ってきてくれるものです。

【仕入れ】 0624

売れない商品は諸悪の根源です。現場担当者に仕入れをさせるとよい。現場を知らない仕入れ担当者よりはましです。

デッドストックがなくなる。大量に仕入れれば単価が安くなるからといって、売れ足の鈍い商品を仕入れると、業績はどんどん悪化していくことになる。

【自戒】 0625
トップが自分の姿勢を正すことです。**規則を守ることです。**指導力が発揮でき、十分な説得力をもてるようになる。

【視覚】 0626
目につくところは少数部分、目立たないところが多数部分です。全体を見てから部分を見る。

【仕かける】 0627
ジッとしているのも人生だが、「打って出る」人生こそ価値がある。

【しがみつく】 0628
前に進めない。同じところにとどまっていても、**明日はない。**

【シェアじゃんけん®】 0629
グー・チョキ・パーのうち、一番シェアの多いものが勝ち（シェアの多い人から先に抜けていく）というルールです。これなら、20人以上でじゃんけんをしても、すぐに勝敗が決します。ただし、「ラッキールール」があり、「オンリーワン勝ち」です。5人でじゃんけんをして、4人がパーを出し、1人がグーを出す。普通のじゃんけんならグーは負け。でも「シェアじゃんけん」では「グーを出した人（＝オンリーワン）」は勝者です。

例：6人で「シェアじゃんけん®」をして負けた人が支払いをする場合

	1人が支払う	2人が支払う	3人が支払う
✋✋✋ ✌✋✊	引き分け（再勝負）	引き分け（再勝負）	引き分け（再勝負）
✋✋✋ ✌✌✌	引き分け（再勝負）	引き分け（再勝負）	引き分け（再勝負）
✋✋✋ ✌✌✊	✊の支払い	✊は支払い ✋と✌で決戦	✌と✌と✊で支払い
✋✋✋ ✌✊✊	✌と✊で決戦	✌と✊で支払い	✌と✊は支払い ✋の4人で再勝負
✋✋✋ ✋✋✊	✊がオンリーワン（「ラッキールール」）で勝ち ✋の5人で再勝負 （✊が✋でも勝ち）		

※「シェアじゃんけん®」は小山昇が、「ラッキールール」は久保田輝男（故人）がそれぞれ発明。

【仕方がない】 0630

他人から言われて、イヤイヤながらでも仕方がなくてでも、

やるという決定は自分がしている。自分の行動の責任は自分にある。やるもやらないも、自分の決定しだいです。いつでも責任は自分でとることです。

【叱り方】 0631
同じことを何度も、うんざりするくらい全力で叱る。相手の目を見ながら、叱るべき問題点をできるだけ具体的に。

【叱る】 0632
後回しにしない。本人が成長しない。やりすぎると萎縮したり、逆に反発を買う。叱るというのは相手の間違いを具体的に指摘し、どこがどのように、なぜ悪かったかを納得させ理解させて、二度と同じ間違いを犯させないようにすることです。一方「怒る」というのは、自分の感情の赴くままに相手を責めることであり、指導・育成という目的をもたない自分勝手な行動です。

【時間】 0633
お金のように貯金ができない。蓄積も相続もできないから、**唯一誰しもが対等な場面です**。過ぎた時間は取り戻せない。

【時間給】 0634
「私はこの仕事に見合う給料をもらっていない」「バカバカしい、こんなことやれるか」と言う人間が成功した例はない。やったことすべてに直接的な報酬が得られないと、だまされたような気持ちになる間は、成功はおぼつかない。

【時間の管理】 0635
仕事に時間を割り振るのではなく、**時間に仕事を振り分けることです**。放っておくと時間の奴隷になる。時間つぶし

をしないことです。

8:00 〜 9:00	朝礼 環境整備 打ち合せ 連絡 移動

⇒

朝礼	10分
環境整備	30分
打ち合せ	5分
連絡	5分
移動	10分

【時間を守る】 0636

開始3分前に集合、待機することです。 自分から約束をとりつけた時は、先に行って待っているのが礼儀です。我々は限られた時に生きています。時間は命です。だから、時間を守ることは、命を大切にすること、命を守ることです。

【持久力】 0637

新人が自覚して、**技術の向上、**体力と同じように身につけるよう心がける。これが仕事を長くするために一番大切なことです。

【事業】 0638

好況や不況の波を超越して、長期的視野に立って行う。 事業の本質は市場活動です。いつでも、新しい成長分野へ進出していくことが大事です。旧態の利益の少ない分野でどんなに頑張ってもダメです。

【事業部】 0639

地域別でなく、マーケット別が最適です。

【資金運用】 0640

会社をつぶさないための社長の方針です。勘定科目のとり方で、資金繰りが大いに変化します。期末における資金構

造です。意図してバランスシートの勘定科目の数字を変える。資産の部はより上位科目へ、負債の部はより下位科目へ、一歩一歩着実に重点を移す。

資産科目	負債科目
Ⅰ. 流動資産	Ⅰ. 流動負債
現金預金	支払手形
固定預金	買掛金
受取手形	経費未払金
売掛金	手数料未払金
棚卸資産	短期借入金
予定納税	その他の負債
その他の流動	借受消費税
仮払消費税	**長期借入金**

【資金繰り】 0641

どんなに利益が出ていても、売上が増加すると資金が圧迫される。

暦日による資金収支（時系列）

利益：100

税金 40	予定納税 20	内部留保 40

100利益が出ても40は税金で、20は予定納税。内部留保は40残るが、普通は同額に見合う在庫と売掛金が増加する。**おまけに借入金の返済が回ってくる。**その分だけお金が不足する。

【資金繰り表】 0642

銀行も会社も、これによって「売上」から「損益」まで、「経常管理」から「将来見通し」まで診断している。

【資金計画】 0643

半年、1年先の金融情勢（金利・貸付枠）を見て行う。他人の信用利用は逆効果です。代弁を前提に保証人になるなら可、正当な理由があれば1～2期の赤字決算や理由なきスキャンダルは心配ない。

【試験】 0644

人間の能力まではわからない。 実際に仕事をさせてみないとわからない。

【次元が違う】 0645

社長は1,000,000円単位、社員は1,000円単位、経理は1円単位で仕事をする。1万円の小遣いが1,000万円になったら使い方がわからない。ゼロが3つ増えると考えられない。社長の考えを社員にわかるようにしたのが経営計画書です。

【しくじり】 0646

つらい。しかし、自分に欠けているものを教えてくれる。友達を選ぶならば、失敗しない人よりも失敗を大切にする人を選ぶことです。

【時系列】 0647

傾向を見るのに一番よい。

1月	2月	3月	4月	5月……

93年	94年	95年	96年	…………

難しいほうから順番に選択する。

①利益の確保（毎期2増加すると）

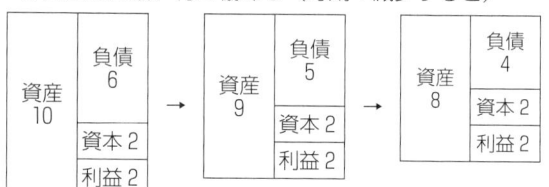

②資産の圧縮。特に棚卸し（毎期1減少すると）

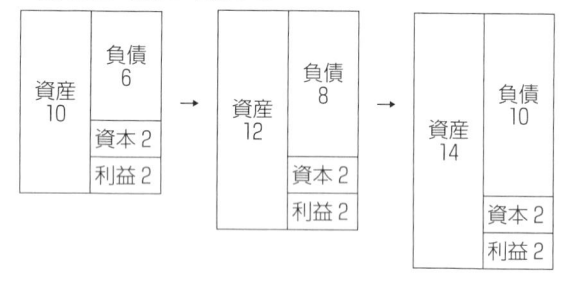

③負債の増加（支払手形よりも長期借入金がよい）
Ⓐ資産が毎期2増加する

Ⓑ負債が毎期2増加する

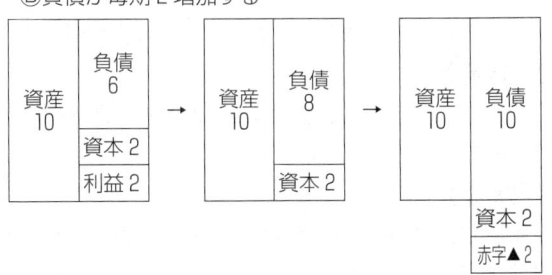

【私語】 0649

お客様は見ただけで不愉快です。

【自己育成】 0650

**今のあなたを、あなたが喜んで自分の部下として使えるよ
うにすることです。** あなたは今の自分をあなたの部下とし
て使いたいですか？

【試行錯誤】 0651

失敗の繰り返しが学習の最良の早道です。他社の事例を自
社のヒントにする。今、上手にできないことも、**失敗では
なく、大事な経験です。**

【自己開示】 0652

過去のダメだった自分を部下の前などで発信する。育って
きたプロセスが商品です。

【自己開示シート】 0653

学生時代、趣味などプライベートな項目を記入して、上
司・部下間で公開する。サシ飲みで、上司が部下の話を傾
聴する仕組みです。

【自己管理】 0654

難しい。精神的に苦痛でも、管理されるほうが楽です。

【自己啓発】 0655

自分の職場に関する知識を深めることです。ほかのことは気休めです。

【自己資本】 0656

資産合計から負債合計を差し引いた金額で表される。主に資本金と内部留保です。年商の10%が目標です。経常利益の約40%が蓄積される。

【自己資本比率】 0657

自己資本比率を高めたいために、**借入金を返済して現預金の残高を減らしてはいけない。**

【仕事(1)】 0658

仕事はスポーツと同じです。イヤイヤやれば、苦痛でしかありません。しかし、仕事に楽しみを見いだすことができた場合も、スポーツと同じです。スポーツであれば、汗をかいても気持ちがいいし、ゴールを目指すことにスリルだって生まれてくるのです。しかも、仕事というスポーツは、個人プレーだけでは成立しません。団体戦です。だから、時には自分を殺してでも、目指すゴールへチームを導くことが要求されます。

【仕事(2)】 0659

仕事以外に自分を成長させる道はない。仕事を通してキャパシティが広くなる。

【仕事に人をつける】 0660

人事異動の文化か長期有給休暇９日間の制度があるとできる。マニュアル・チェックリスト等がしっかりしてくる。

【仕事の生きがい】 0661

２人の石工が大きな石を煉瓦（レンガ）大の大きさに切っていました。「何をやっているのか」と聞くと、１人は「家族を養うために毎日こんな石ばかり切らされて……」と不平たらたらです。ところが、もう１人は「おらが切っている石はこの町の大聖堂の壁になるんだ。ありがたいことだ」と目を輝かせて話しました。同じ仕事でも心構えで違ってくる。

【仕事の管理】 0662

仕事のタイトル管理が先、中身はあとでよい。すべての仕事の開始時間と終了時間を明確にする。開始と終了があいまいだと計画が立たない。

【自己評価】 0663

努力を過大評価する。成果よりも、それまでの苦労が優先される。甘い。ランクを１つ上に見積もるものです。

【事故報告】 0664

起きたその場ですぐに報告する。①人命救助（119）②最寄りの警察（110）③上司と総務（63400110）。事故が発生した時、目撃者（許可を得て）、車両名ナンバーをスマートフォンのカメラで記録する。**示談は絶対にその場でしない。**事故車両は修理する。

【視察】 0665

驚くことを10個以上見つける。

【資産】 0666

収入を得る根源になるものです。銀行はピアノを担保にお金を貸さない。ステージに客をひきつける、ピアノを弾く技術には貸す。資産は本来、目に見えないものです。健康、いろいろな技術、コネ、信用等も資産です。要するに、それをもっていれば、**収入が得られるものです。**

【時差ぼけ防止】 0667

移動する国の時間に合わせて行動すると楽です。

成田を出発する時

千葉 3月28日 **13:40**	ラスベガス 3月27日 **20:40**

すぐに酒を飲んで寝る。

【指示】 0668

指示は整理で、指導は整頓です。

【指示命令】 0669

必ず復唱する。メモをとる。期限を定める。**あいまいな期限を設けてはいけない。必ず数字をつける。**時間に敏感になり意識が変わってくる。

【自社ブランド】 0670

自らの力で売ることができない商品は、つくってはいけない。

【師匠】 0671

実務の教えを勉強する。**私生活の真似はしなくてよい。**

【市場】 0672

お客様とライバルしかいない。わが社のお客様から注文が来なくなったら、**それはライバルのところに行っている。**

【自信】 0673

自信をもてないのは、体験がないからです。①**失敗の体験が多い人がもてます。**同じような失敗の体験をしない。②**目標に向かって、手と口と足を動かす**とそのうちにもてます。活動しないのは自信がないからではなく、単に何もしていないだけです。③お客様に叱られて怒られて育つ。

【システム】 0674

誰がやっても一定以上の成果が出る、仕事のやり方の仕組みです。**気分で変わらない。**最初から存在するものではなく、仕事を進める過程で、試行錯誤の中からつくりだされる。常に使いやすいように変えていくものです。

【時代】 0675

世の中は相対的です。弱い会社から強い会社を見ると、バカに強く見える。だが上には上があるもので、印象はあてにならない。どんな大会社も、二まわり若い会社には勝てない。次々にシェアを奪われていく。大会社が弱くなったのではなく、よりよき環境に育った若い会社が強くなったのです。

【下請け】 0676

気楽だと思っていると、とんでもないことになる。会社が

つぶれる時は、親会社に裏切られた時です。安全策は1社の売上を20%以内にとどめることです。

【下積み】 0677

いかなるプロも、最初は素人であったことに間違いはない。

【下見】 0678

本番になってあわてないように、前もって、足を使って現場を見ておくことです。

【示談】 0679

どんなにこちらが悪くてもその場で示談にしない。何回も謝る。示談の詳細は後日につめる。その際、主張すべき点はハッキリと主張する。特に、「一切」とか「全部」という言葉は書いてはいけない。

【質】 0680

質は量でカバーできるが、量は質でカバーできない。質は量がある一定以上になると、自動的に上がるものです。

【実印】 0681

軽々しく押してはいけない。軽い気持ちで押すと、一生重荷を負うことになる。会社の実印は社長が管理する。人任せにしない。

【しつけ】 0682

主としてやってはいけないことを教えることです。

【実験】 0683

計画をつくりどんどんやってみる。成功してもしなくても役に立つ。実験してみてよかったことはすぐに実践に移す。

【実現可能】 0684

どれだけ強く思うかによる。イメージは具体的であるほどよい。そのイメージが行動を支配する。

【実現可能な数字】 0685

会社がつぶれます。無理をしないと利益は出ない。

【実現不可能】 0686

どんなに程度の低いトップだと思っても、組織では、トップの意に反することは絶対と言っていいほど実現しないし、成功しない。

【実行】 0687

まずなんでもやってみる。**行が先で、考があと。**小さいことを確実に行う。簡単な計画でよいから作る。やりもしないで「難しい」とか「無理だ」「できるわけがない」と言う人は、**自分がそれをやったことがないので、できるかどうかわからないにすぎない。**やってみないとわからない。

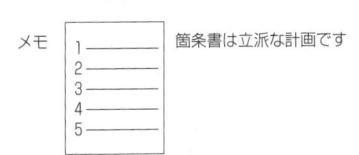

メモ　箇条書は立派な計画です

【実行計画書】 0688

アセスメントでつくられた半年間の施策をいつでも見られるところへ貼り出して毎月振り返りを行い、決められた会議で報告する。良いことはやらない。成果の出ることをやる。成果を出すためには真似をする。

【実行する】 0689

今やるか、一生やらないか。数字と行動が変化することです。

【実施】 0690

いくらよい話を聞いても役に立たない。自分が積極的に変わらなければ、なんの値打ちもない。生かすも殺すも、自分しだいです。

【実施責任】 0691

役員・社員の一番大切な仕事。**社長は無理を承知でお願いしている。方針を消化して達成が可能になる。未消化が未達成につながる。**

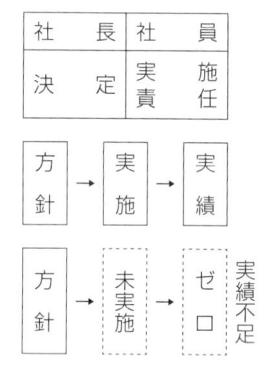

社　　　長	社　　　員
決　　　定	実施 責任

| 方針 | → | 実施 | → | 実績 |

| 方針 | → | 未実施 | → | ゼロ | 実績不足 |

【実践】 0692

習うより慣れろ。まず実行、そして理解。仕事のやり方をいちいち説明して「さあ、やってみなさい」という方法と、いきなり仕事をさせ、見よう見真以でやらせていく方法とでは、どちらが真に身につくか。**100の言葉よりも1つの**

実行、すなわち習うより慣れろ。

【実務】 0693

簡便さが大切。**理論を優先させない。**今ある物を使ってやる。

【実質金利】 0694

銀行に実際に払っている金利のこと。（支払利子＋割引利子－受取利子）÷（借入金＋割引手形－固定預金）×100

１％＝4P　　１Pとは0.25％の金利のことです。

---

①借入金1,000　固定預金500　支払金利10%
（年利）受取金利５％（年利）で計算すると

$$\frac{100-25}{1000-500} = 0.15 \quad 実質金利15\%$$

②借入金を500増加すると

$$\frac{150-25}{1500-500} = 0.125 \quad 実質金利12.5\%$$

③固定預金を200増加すると

$$\frac{100-35}{1000-700} = 0.217 \quad 実質金利21.7\%$$

お金を借りれば借りるほど金利は安くなり、預金をすればするほど金利が高くなる。

【失敗(1)】 0695

初めてのことは誰しも失敗する。やる気に正比例する。失敗は避けるべきものではない。逃げない。そこから何かを学ぶのです。**１回目は一歩前進です。２回目は確認です。３回目は愚（おろ）かです。同じ失敗をしてはいけません。**自分自身が気にするほど他人はあなたの失敗を気にしていない。

初めて自転車に乗ると、転んで痛い目に遭う。痛い目に遭いたくないから自転車に乗れるようになる。

【失敗(2)】 0696

失敗をすることに意味がある。何もしないと失敗はしない。①未来へつなげるものです。②多い人ほど成功する。③6回チャレンジすると成功の確率が99%にもなる。

チャレンジ〈 50% / 50% 〈 25% / 25% 〈 13% / 12% 〈 7% / 6% 〈 3% / 3% 〈 2% / 1% 〈 1% / 1%

75%　88%　94%　97%　99%

【実務管理】 0697

当月までの実績をもとに、決算までの達成予測を毎月検討することです。そして早め早めに手を打つことです。

【実力】 0698

失敗の数です。実施すべきこと、実行すべきことを確実に手際よく行える能力。行動することを第一とします。**キャリアがあるのとは違います。**力がつけばつくほど多く実行でき、結果が出ます。**無理をしないと実力はつかない。**

【視点】 0699

新入社員は**葉**を見て仕事をし、主任は**枝ぶり**を見て仕事をし、係長は**木**を見て仕事をする。課長は**林**を見て仕事をし、部長・役員は**森**を見て仕事をする。社長は**森林**を見て仕事をしないと大局を誤る。

【指導⑴】 0700

①目標を明示して、②わからせて、③やり方を任せて（見守り）、④きちんとチェック、評価する。**相手の能力に応じてやれるようにする**ことです。チェックシートがないと、指導がブレる。

【指導⑵】 0701

①**お客様の満足度**追求のため価値観を共有し、**サービスの均一性を確保するために「従業員にはお金を支払って」教育を実施する。**

②現場でうまくいっていることを「そのまま真似」させ、成果が出せるように育成する。

【指導者】 0702

部下に配慮して意思決定をし対応する上司です。部下の保有能力（できる、できない）より、発揮能力（できたか、できなかったか）を向上させることに力を注ぐ人です。

【シナジー効果】 0703

ある活性化の条件を与えると、人でも物でも相乗効果を起こして、一つ一つの合計が全体よりも多くなることを言う。１＋１＝３がこれで、新商品を出すことによって既存商品が伸びるような現象。

【自発的】 0704

給料が業界で上位になると急に進んで働くようになる。人間は正直なものです。

【支払い】 0705

お客様は同じ商品・サービスに同じお金を払うから、従業

員も同等の支払いをするのは当然です。

【品揃え】 0706

競合店の$\sqrt{3}$倍商品がある。シェアを競争相手より1.7倍離すと圧倒的優位に立てる。陳列棚の場合、1mを1.1mにしても誰も気がつかないが、1.3mにすると、心理的作用が働いて変化に気がつきます。

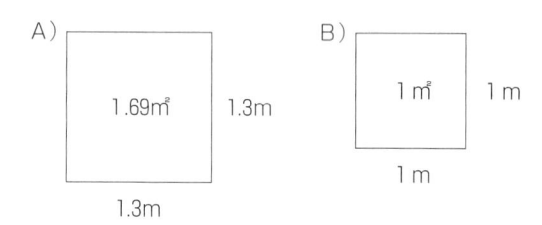

A）1.69㎡ 1.3m 1.3m

B）1㎡ 1m 1m

AはBの約1.7倍になります。見た目ではAはBの約2倍に感じられ、圧倒的な差がつきます。結果、BはAには勝てません。この1.7倍がライバルとのシェアを一気に離すポイントになります。

【支払手形】 0707

①**発行しないのが一番。**②受取手形に対応する金額だけ発行する。③60日以上は発行しない。④**長期借入金を借りて減らす。**⑤**借入金は返済日に"待った"ができるが、支払手形の決済は"待った"ができない。**⑥売上ダウンの時、**命取りになる。**

【辞表】 0708

辞める自由はあるが、特に問題がない限り、辞めさせる自由は会社にはない。

【私服の付き合い】 0709

会社を辞めたいという時に、最初に相談される。仕事だけの付き合いでは、人間は本当のことを言わない。

【C評価】 0710

①相対評価はＡ25％、Ｂ55％、Ｃ20％です。絶対評価より厳しい。②自分の評価が下がったのではなく、周りの人があなたより頑張ったのです。

前　期	今　期
あなた	⁷⁷³
765A	⁷⁷⁰
763	769
760	768
755	766
754	あなた
753	765C

【自分勝手】 0711

注意やアドバイスをしてくれる人がいなくなる。現在のポジションより上に上がれない。

【自分への投資】 0712

金は使えばなくなるが、身につけた技術や知識は使っても一生減らない。

【資本】 0713

51％と49％とでは、月とスッポンほどの差がある。勝負にならない。株を分散すると不幸の始まりです。67％保有が条件。経営権を守るために黄金株を設定する。

【資本金】 0714

会社の規模やスケールを判断するモノサシの１つです。中小企業は、同族でまかなうのが最高。**同族でないと増資にたえられない。**多額の増資をする時には、出資者が多いほど有利であるが、友人や取引先からの資本導入はしないほうがよい。わずかな出資で何かと経営に口出しをされて、思い切った手腕をふるえず、無理な配当をすることになる。

【始末書】 0715

クレーム発生の責任は一切追及しない。報告なしは始末書。半期に２枚で賞与半額。半期で無効になる。

【事務所】 0716

直接収益を生まないところなので、必要以上に広くしたり、お金を投資するのはナンセンスです。

【視野】 0717

狭い社会にいると人の不幸を喜ぶようになる。

【社員】 0718

社長の後ろ姿を見て育つ。この会社を通して給料を受け取っている人全員です。社員としての身分はみな同じであり、平等です。違うのは担当する仕事（役割）であり、偉さとは無関係です。能力よりも価値観（考え方）を共有できることを重視する。

【社員教育(1)】 0719

①他社からベンチマーキングに来て見ていただくと改善が進む。②マンツーマンが基本です。

【社員教育(2)】 0720

本でもセミナーでも、社長一人で勉強してはダメです。同じ本を読んで、同じセミナーに参加する。社長と社員が学びを共有するから、同じ方向を向いて仕事ができる。社員教育にお金をかけすぎて倒産した会社は1社もない。

【社員教育(3)】 0721

社長の仕事は、「お客様には喜ばれ、ライバル企業には嫌われる」社員を育てることです。

【社員の気持ち】 0722

①どちらかと言えば単純にいい仕事がしたい。②仕事ぶりと成果を貢献度として評価してほしい。③評価した結果を賞与に反映させてほしい。④1年間の実績を現在進行形で評価して、これから1年間の給料をアップしてほしい。

【社員のやる気】 0723

①給料が安定的に上がる。②目指すポジションが増える。③個人の目標と、会社の目標が合致する。

【社員旅行】 0724

価値観を揃える仕組みです。全員浴衣で大宴会をする。大宴会だけ参加できれば「参加」と見なされます。

【社員割引】 0725

やってはいけないことです。わが社に多大な貢献をしているお客様は定価で購入しているからです。給料を高くして、定価で購入させたほうがよい。お客様と同じ会員等になればよい。

社長の許可なく参加させてはダメ。勝手に参加する社員は数年で退職する。

【弱者の戦略】 0727

自らの力の範囲内で、敵に勝る威力を発揮できる地域を限定して、その地域に販売努力を集中することが大切。小さなテリトリーで戦わないと勝てない。

【弱点】 0728

自分では気づかなくても、周りの人は結構よく見ているものです。

【社章】 0729

会社の社章の作成を思い立ってから、3年かかりました。見た瞬間に株式会社武蔵野とわかるもの、わが社にフィットするものをと思ってから、何度も何度も企画……でもダメでした。なぜこうなのかを説明できなかったからです。今回、ここに発表する社章にはこういう意味があります。なぜ株式会社武蔵野というのか？　武蔵野の源は何かというと、創業者・藤本寅雄社長です。これは誰も異存のないごく当たり前のことです。一番上の○はこうです。わが社の経営のやり方は、経営計画書による経営です。経営計画書の源は誰かというと、一倉定先生です。だから、一倉の

倉のイメージがあります。また、一番上の○はお客様であり、左下の○は従業員です。右下の○は株主さんです。これをつなぐムの形がわが社の文化です。これは武蔵野のムと、無限（永遠）に発展させたいというムと、みなさんに無理を承知でお願いするムなのです。そして、このムの太さは三者の絆であり、情報のパイプです。それから全体の三角には次のような意味があります。長期事業構想書で、わが社は武蔵野地区を中心として、小さな市場で大きな占有率を確保する。すなわち小さなテリトリーで大きな会社になるという考えです。線をつないで一番小さな面が三角です。正三角形が一番安定性があります。そして一番大きな面が円です。事業は5本の柱が必要です。まず大きな3本の柱を造る。このように、いくつもの祈り・願いを込めて、この社章になりました。（平成2年5月）

【社宅】 0730

24時間社員を会社に縛りつけておくところです。会社と家庭を分けなければ、会社は発展しない。個性的な社員が育たない。

【社長(1)】 0731

正しい情報に基づき、痛みを伴う正しい決定をするのが仕事です。経営に関する、危険を伴う意思決定をする。関心と行動の焦点を未来に合わせ、市場とお客様の要求の変化に対応して、絶えず脱皮を行い、高収益事業をつくりだすのが仕事です。

【社長(2)】 0732

社員からはなかなか社長の仕事が見えない。「社長は気楽でいい。誰からも指示されないし」と思われがちです。でも、中小企業の社長は、銀行からの借金・リースの保証人に個人でなっている。会社が倒産したら、自宅などを売って、借金の肩代わりをしなければならない。**最後は全責任をとる。**

【社長会】 0733

半年に一度、社長と役員、統括本部長、本部長で行う懇親会で、無礼講。

【社長室】 0734

あまり使わないので、**会社で一番質素でよい。**業績のよい会社の社長は社長室にいない。

【社長の在り方】 0735

経営幹部を育てて後継者を作ることです。

【社長のイス】 0736

会社にはオーナーのイスと社長のイスがある。社長は誰でもなれるが、株式がないとオーナーにはなれない。3分の2以上あるのが望ましい。

【社長の決断】 0737

従業員とその家族の生活すべてがかかっている。全従業員の責任を1人で背負う。その決断の重さゆえ、社長は孤独です。頼れるのは自分だけ、他力本願では経営は成り立たない。自己弁護も一切の言い訳も許されない。

【社長の決定】 0738

良いか悪いかは、お客様が決める。

【社長の仕事】 0739

決定とチェックです。

【社長の社会的責務】 0740

会社は実につぶれやすいという認識をもつことが重要です。
売上不振、資金繰り・労務管理のまずさ、思わぬ経済社会
の激変や天災・人災で会社はつぶれる。しかし、いかなる
場合も社長は会社を**「存続・発展」させなければならない。**

【社長の名刺】 0741

社長の名刺は営業パーソンの名刺の100倍の威力がある。
営業訪問時にお会いできる確率が上がる。役職が上の方が
対応に出てくる確率も高い。

【社長の役割】 0742

儲かる会社より、つぶれない会社をつくることです。まず
は手形を発行しないことです。

【借金】 0743

①経常利益を出さなければ返済できない。これが大原則で
す。1年に1億円の元金返済をしなければならない会社は、
3億円から5億円もの経常利益がなければならない。これ
がメドです。過大な借金は、資産の売却や命取りの原因に
なる。②**貸すも親切、貸さないも親切です。**

【社内アセスメント】 0744

ボトムアップの仕組みです。現場の声から和談を行い、自
部門で成果の出ていること、他部門で結果の出ていること

を計画表に落とし込んで次期の計画を立てる。

【社内禁句】 0745

できません。無理です。時間がありません。わかりません。知りません。聞いていません。

【社内結婚】 0746

社内のことがよくわかっているので理解があり、夫婦ゲンカも少なく離婚が少ない。在籍社員273人のうち社員同士で結婚したのは108人（39.6％）と驚異的。離婚経験者4人（0.37％）のうち、3人が社員と再婚。（2024年10月現在）

【社内不倫】 0747

禁止です。社外、そこまでは責任を持てません。各自の責任です。見つけた時は公表する。課長職以上は1等級降格とする。一般社員・パート・アルバイトは懲戒処分です。通常の恋愛でも、気にかけていた相手に恋人ができるとモチベーションが落ちる。

【社風】 0748

歴代社長の方針の積み重ねでできる。企業文化です。一朝一夕ではできない。社是・社訓は書けば即できる。

【斜陽化】 0749

どんなすぐれた商品でも、避けることはできない。将来の収益を保証するものは、現事業でなく新事業・新商品です。

【ジャンケンとクジ引き】 0750

①不満もあるが、ムリやり納得させられてしまうものです。自分が参加しているからです。

②何も考えていない人たちで行う時は公平です。

③仮説を立てて計画し、実績をもとに検証している人がいると不公平です。

【収益】 0751

現金に換わらなければ意味がない。

【収益向上】 0752

粗利益に直結したところに手を打たなければ、業績を飛躍的に挽回したり、向上させることは難しい。**赤字なのに管理体制の改善や確立を行おうとするのは、的はずれもはなはだしい。**

【自由】 0753

勝手気ままなことを想像しがちであるが、自由が多ければ責任も大きい。**自由が少なければ責任も少ない。**

	自 由	責 任
社 長	大	100
幹 部	中	10
新 人	無し	0

【収益性】 0754

①単位当たり（1個、1台）の収益性は「売上－仕入れ＝粗利益」の大きさで比較する。②期間当たりの収益性は「単位当たりの粗利益×単位期間当たりの販売数量＝単位期間当たりの粗利益」の大きさで比較すればよい。

【従業員】 0755

今いる人が最高です。

例外的な意見を、その他１つにまとめない。人によって見方が違うので、コメントは箇条書きにする。

【収益性向上】 0757

①商品構成を変える。②悪いものは外注する。③値上げをする。④特定の部門（商品）が損益分岐点より低い場合でも、それを続けることが必ずしも業績を悪化させるとは限らない。こうした部門（商品）は固定費の負担能力が不足しているのであって、売れば売るほど損ではない。それをやめても代わりの仕事がなければ、その部門（商品）によって得られていた粗利益額だけ会社の収入が減る。**人件費は変わらない。**

現在			やめる		
売　上	100		売　上	0	
仕　入	50		仕　入	0	
粗利益	50		**粗利益**	0	
人件費	50		人件費	50	
経　費	10		経　費	10	
利　益	▲10		利　益	▲60	

赤字が▲50増加する

【自由裁量】 0758

目標とポジションだけを与えて、あとはどうするかを任せることです。

【充実】 0759

朝起きて、今日の予定があり、それをクリアした時に感じることができる。

【充実感】 0760

目標のない人は味わえない。目標をつくり、努力して、汗を流し、到達した時に味わえる。

【就職】 0761

結婚と同じです。新婚の時は、よい悪いはわからない。本当に自分に合うか、1年くらい様子を見てみる。それで合わないと思ったら、その時に会社を移ればよい。

【修正】 0762

マニュアルなどは定期的に行う。時代やニーズが変化したのに、それが行われない理由は2つ。①担当者がずぼらで忘れている。②変えた時のプラスと、それによって起こる弊害を秤にかけ、その弊害に恐れをなしている。

【集中】 0763

やらないことを決めることです。二兎を追わない、二足のわらじを履かない。窓口をできるだけ小さくして、**長い時間**をかける。

【集中力】 0764

1つのことだけをやり抜くことです。時間を決めてやる。

【重点化】 0765

強いものを強化する。ナンバー・ワンにしていく。ダメなものをなんとかしようと思ってはいけない。

【重点管理】 0766

重要なものと、そうでないものを分け、重要なもののみをきめ粗くつかみ、**95%の信頼度を得られれば良しとする。**経理以外で計画及びチェックに用いる数字は、**上二桁の数**

字の信頼度を重視する。

【重点主義】 0767

大切なところに力を入れる。会社はお客様の要求を満たすために活動するから、問題が山積している上に、日々新たな問題が発生します。しかし、**ある大きな問題を解決すれば、同時にいくつかの小さな問題も解決できます。**そこで、重要なことから優先順位をつけて実行する。

【重点戦略地域】 0768

戦力を他社よりも多く投入することが**絶対条件**です。小が大に勝つために必要です。

【習得】 0769

自ら努力して学ぶ姿勢が大事です。知識や技術は与えられるものではなく、自分で吸収していくものです。

【収入源】 0770

商品以外のなにものでもない。売れる商品に全力を投入して売る。お客様が欲しいと思わない商品はいくら値下げをしても売れない。販売活動をやめて成り行きに任せる。**引きあげた戦力を儲かる商品に転用**して収益を得る。**収益性が高く、将来性のある商品に力を入れる。**

【執念】 0771

困難を克服して実行する力。社長には絶対に必要です。

【周辺事業】 0772

「隣の芝生は青い」の格言どおり、本業から離れたところを狙ってしまいがちだが、それでは自社のノウハウが生かされず、しかも他社が有利で強い分野に踏み込んで失敗す

る確率が高くなる。**本業強化につながる事業が一番よい。**

【修理】0773

お客様の要求を満たし、ご不満を解決する重要なお客様サービスです。自社・他社商品の区別なく修理を行う。お客様は、気持ちのよい、確実な修理が行われるとわが社のファンになる。

【修業】0774

「形」から入って「心」に至る。「形」ができれば、あとは自然と「心」がついてくる。毎日毎日飽きずにやることが大切です。

【熟慮】0775

何もしないということ。

【受験勉強】0776

ベンチャー精神をなくす。答えがあることを教えられ、「どうしたらよいか」を考えなくなる。そつなくやるが、その先に行かない。新卒者を育てるには、社内転職を体験させるしか方法はない。

【受注事業】0777

ライバル会社からお客様を奪うのが、**一番の新規開拓です。**初めの一歩は**価格です。**

【出世しない人】0778

①自分勝手な人。②下に威張る人。③ケチな人。このうち１つでも当てはまる人は、人間のネットワークができない。

【守(シュ)破(ハ)離(リ)】0779

物事の上達の原理原則のことです。守・破・離とは、物事

を学ぶ時の最も大切な基本姿勢です。

武道・茶道・華道に限らず、仕事においても先人達は、この3つの段階を経てその道を究めてきました。

第1段階の「守」とは、師の教えをそっくりそのまま忠実に守ることです。すべて師の教え通りにやる。それ以外のやり方をしてはいけません。なぜなら、それが上達の早道だからです。師は長い年月の間、修練を重ね、ひとつの物を築き上げている。初心者でこれを疑い批判する人は学ぶ姿勢がない人で、絶対に向上発展はあり得ません。

第2段階の「破」とは、師の教えをすべて自分のものにしたうえで、自分で新しい工夫をして、教えになかった方法を試し、師の教えから少しずつ脱皮し、成長していく段階です。

第3段階の「離」とは、自分の工夫と努力によって、師の教えから脱皮し、さらに修練・勉強を重ね、自らひとつの境地を築き上げる段階です。

「離」が完成したら、もう一段高いレベルに進むために、再び「守」に戻ります。新たな出発をします。

努力もせず、苦労もせず、いきなり達人にはなれません。物事の上達には必ず順序道程があります。

【巡回点検】 0780

事前に行く日を発表する。**抜き打ちチェックは効果がない。**社員がその日だけきちんとやるだけでも、やらないよりは大きな効果がある。年13回を30年間続けると390回。毎日やり続けても365回しかできない。

【準備】 0781

隅々までチェックして前もって整えることです。**準備の状態が成果に比例する。**成果の大小は準備の良否によって決まる。

【賞】 0782

努力が報われるのは、ほんの数パーセントの人でしかない。しかし、努力しないで報われることはない。やらないことを決め、目標に向かって努力するしかないです。

【紹介】 0783

結果のいかんにかかわらず、ご紹介のお礼と中間報告、結果報告をする。報告とお礼を忘れると、二度と紹介していただけない。

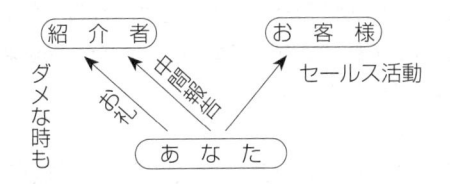

【しようがない】 0784

外部環境に流されることです。打開策は生まれない。

【昇給】 0785

規定により基本給が上がる。

【状況判断】 0786

①長期の目標があるかないかで差がつく。②短期の目標があるかないかで差がつく。③体験・経験の質で差がつく。④体験・経験の量で差がつく。⑤行き当たりばったりで差

がつく。

【昇格】 0787

組織上の上位の等級に上がることです。その職階の仕事を果たせると証明された人が対象。過去の実績と、過去の仕事で評価を行う。**A評価を取らないと上げない。**

20年前、A評価のない課長をしのびなく思い、部長に昇格。数年後、部長は全員退職した。

	A	B	C
Ⅲ	280	200	140
Ⅱ	200	140	**100**
Ⅰ	140	**100**	70

Ⅰ等級Bで上に上げると、Ⅱ等級ではCかBしか取れない。それならばⅠ等級でBかAを取っても賞与の額は変わらない（基本給は少し変わる）。

【条件】 0788

常に変わるものであって、固定されるべきものではない。人がつくったものであって、縛られるものではない。時間がたつとたえず変わってくる。

【上司(1)】 0789

①1人でも部下をもったら、その瞬間に**その人は人事担当者・教育担当者になります。**なぜならその瞬間に、その部下のかけがえのない将来、人生の多くの部分にあなたが多大な影響を及ぼすことになるからです。②難しい仕事を部下がやりやすいようにしてあげる人です。

【上司(2)】 0790

当然わかっているものと思って言わなかったら、部下はわかっていなかった。部下は何もわかっていないものと思っているのが正しい。上司は部下のよいところを引きだす人です。新しいことをさせてみることが大切です。

【上司からの頼まれごと】 0791

不安に思ってできないと断ってはいけない。断ると他の人にチャンスが行きます。できるかどうか、実はあなたより上司の方が不安です。ダメなら元に戻してくれます。あなたの力を試している。チャンスを逃さない。できない人には頼まない。

【正直】 0792

自分がわからない問題は「わからない」とハッキリ言える人です。知ったかぶりをしない人です。

【常識】 0793

一人一人違うものです。あてにならないもの。

【上司の適性】 0794

感動したこと、勉強したことを自分の胸にしまっておいて、**人に伝えない人は不適格です。**5人以上の人に伝えない人は、部下をもつ資格がありません。部下のいない職責に代わったほうがよい。

【上司の悪口】 0795

絶対に言わない。お客様から、信用を頂けなくなる。そして自分も信用されなくなる。**上司の悪口を言い続けて出世した人はいない。**

【上司不適者】 0796

①部下に任せるより、自分がやったほうが速いし、うまくいくと思っている。②部下の能力がまだ信頼できないから、自分でやるしかないと思っている。③全部を任せないで、いつも部分しか任せない。④教えることを面倒くさがる。

【小集団】 0797

早くリーダーが育ち、チームパワーをつくりだす重要なノウハウです。１人当たりの給料を高くするための手段です。

【昇進】 0798

グループ（役職）が上がる。仕事の役割分担です。

【少数精鋭】 0799

人手が少し足りないくらいの健康な組織のことです。少数精鋭の集団でなければ人は育たない。**部門の要求に従えば、人は増え続ける。**

【冗談】 0800

否定的なことを明るく言うことです。

【承認】 0801

部下の現場での苦労や努力をわかってあげる。誰もが、自分のことを上司にわかってほしいと思っている。

【商売】 0802

お客様のいない会社は、日本に１社もない。お客様サービスを忘れてはいけない。

【商売繁盛】 0803

①お客様が欲しい商品が一番多い。②売れ筋商品を調達できる。③立地がよい。

【商品】 0804

お客様に買っていただいた物を初めて商品と言う。買っていただかなければ製品です。

【商品開発】 0805

今わが社で一番売れている商品が売れなくなるような商品をつくる。コストでなく、お客様の満足度を上げる。つくった物を売るのでなく、売れる物をつくる。

【商品価格】 0806

最初に売り出された価格が半値になる。しばらくするとその8掛になり、最後はさらに2割引になる。100円の品が32円になっても利益を出せる商品が生き残る。

【商品説明】 0807

現物、パンフレット、カタログをお見せして説明する。専門用語を使わない。わかりやすくお客様の知りたいことを説明する。**お客様は商品を見比べて買うので、**上のランクから紹介するのが礼儀です。商品知識が不足していると、お客様に対する説明があいまいになり、商品に対してお客様が不安を感じ、販売に結びつかない。まず自分が、商品を100パーセント理解することが大切です。

松 2,500円　　竹 2,000円　　梅 1,500円

【商品欠品】 0808

他の商品をすすめるチャンス。いつも同じ物だと飽きがき

て、他の物が欲しくなる。

【商品名】 0809

お客様が覚えやすく、感じのよいものがよい。つくる側の意味を名に入れても、役に立たないし覚えてもらえない。

【商品をけなされる】 0810

けなされない物は売れない。買う気があるからけなす。安く買いたいから。

【商品別販売計画】 0811

月別の割り振りは厳密に計算しなくてもよい。大切なのは累計です。数の増加がテーマです。前年の数字がないと前年を下回る。相場の影響を受ける業種は売上と数量で作成する。

商品別販売計画

商品名	区分	1月		2月		12月	
		当月	累計	当月	累計	当月	累計
りんご	目標	10	10	20	30	15	300
	実績						
	前年	5	5	5	10	5	150
すいか	目標	5	5	5	10	5	60
	実績						
	前年	3	3	3	6	3	36

【勝負】 0812

始めた時にすでに勝ち負けが決まっている。どちらが事前にどのくらい準備したか、練習したか。運の要素は数パーセントにすぎない。**勝負どころはピンチの中にある。**

【情報(1)】 0813

①釣った魚と情報は、それを得た瞬間に腐り始める。遅くなればなるほど、情報は不正確になりやすい。②知っている人が少ない情報ほど価値がある。

【情報(2)】 0814

向こうから勝手にやって来るわけではない。自ら取りに行って入手できる。

【情報の整頓】 0815

①整頓してチェックをしやすくする。②売れている商品を増やす。売れない商品を減らす。売れている順に商品を置く。③基準は定期的に変える。成果によって基準を作る。一律では行わない。

【賞与】 0816

賞与がもらえる会社ともらえない会社がある。給料はお客様が払ってくれるから、誰でももらえる。賞与は社長の実力で支払われる。

【勝利】 0817

勝つという意志と、努力の積み重ねの結果、得られる。①勝たなければ勝ち方はわからない。②勝ち続けることによって勝ち方を覚える。

【常連】 0818

短期間に3回来店するとなる。

【職場】 0819

全員が気持ちよく働ける場所です。

【助言】 0820

うるさいと思われても、部下には積極的にアドバイスを行う。3回に1回くらいヒットが出ると、部下に信用される。

【ショービジネス】 0821

非日常の世界をつくりだすのが商品です。

【書類】 0822

①組織の財産として管理する。②組織の全員が活用できるようにする。個別に持たない。③ドライブに保存する。保存・引き出しのログ管理ができる。④捨てる期限を決めておく。

【序列】 0823

固定的なものではない。トップの価値観が変わると序列も変わる。**能力のないトップはなかなか序列を変えない。**

【知りたい】 0824

知らない幸せ、知っている不幸。他人が知っていて、自分が知らない場合。恥ずかしい場合もあるが、知ってもどうでもよい場合も多々ある。噂ばかりに耳を傾けないで、よく働くことのほうが大事です。

【資料】 0825

活用されないものは、ファイルしてもムダです。

【指令】 0826

上司が自分から動いて、口と手と足を動かして、仕事をさせる。そうしないと通じない。

【試練】 0827

新しい物が、マーケットでの普及率が1割を超えるまでの

期間です。新しい物が出てくると、まず、すさまじい拒絶反応が起こってくる。**無知な人に限ってそれがひどい。**この世に出た途端にめちゃくちゃにたたかれるのが普通です。

【新規契約】 0828

面倒くさくても、泥くさく営業する。訪問1回当たりの滞在時間が長い人ではなく、**訪問回数が多くて滞在総時間が長い人が得られる。**1日の労働時間の40%以上ないと、成果は上がらない。マイページPlus（261ページ参照）の滞在時間が成果に正比例する。

【新規開拓】 0829

既存のお客様だけでは、前年実績が精一杯です。会社の成長に絶対必要です。**給料を上げられなくなります。**

	今　期	2年目	3年目	4年目
売上	100	100	100	100
粗利	50	50	50	50
給料	**30**	**32**	**34**	**36**
経費	18	18	18	18
利益	2	0	▲2	▲4

【新規事業】 0830

社会に貢献でき、繰り返し販売できる事業を展開する。ライバル会社のある周辺事業に徹する。①1年目は直近半期の売上を下回らない。②2年目は前年の粗利益と営業利益を下回らない。③3年目は損益分岐点を越えることを成功の条件とする。

【進言】 0831

時と場所を選ぶことが大切です。どんなによいことも、相手の立場を無視すると受け入れられない。

【真剣勝負】 0832

逃げ道がない。

【人件費】 0833

最も固定的な数字です。会社で働く人にかかる費用、給料、福利厚生費、賞与、残業手当、通勤交通費、旅費交通費、教育費などを合計した金額です。経費のうちで最も大きい部分を占める。粗利益額の50％よりも少ないのが適正です。

【人材】 0834

必ず欠点・癖がある。器材（器が大きい）なるがゆえに欠点・癖を捨てるべからず。どんな環境でも、与えられた条件のもとで能力を発揮する人がよい。

【人材戦略】 0835

経営目標を達成させるために行う、人材にまつわる戦略のことです。組織の事業目標の達成に向け、従業員一人一人がより良い仕事を遂行できるように、人事異動や社員育成、人材採用などを計画的に実施する。少子化や働き方改革に伴い年々人材確保が複雑化する中、今後もより関心が高まる。

【人材不足】 0836

会社が成長している証拠です。

【人事】 0837

納得のいかないものです。上と下では思惑が違いすぎる。

【人事異動】 0838

①定期的に行う。

②成績の良い人、昇格した人を中心に異動させる。

③人事異動の回数を評価する。

④営業系の若手社員は一つの職場での在籍期間を３年以下、事務系は５年以下とし、他の部署に転属させて、多くの体験をさせる。

⑤専門技術者はその職場で巧みな技術を磨かせる。

【新事業】 0839

いい時代は長続きはしない。よい時に、次の手を打っておく。明日開く花として、未来の成長分野で開発を行う。新事業は創造である。失敗もある。失敗の次は革新につながる。失敗を恐れずに挑戦し、同じ失敗を繰り返さないように歯止めをかける。**現在マーケットがない分野に進出してはいけない。**

【新市場への進出】 0840

現市場の占有率を落とさないことが前提条件です。周辺事業が一番よい。

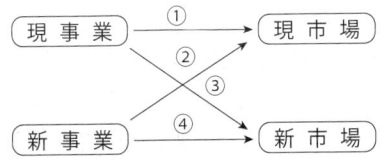

①は一番やさしい。④は難しい。

【人事原則】 0841

消費税のアップで公共事業が増えて、人口が減り景気がよ

くならない。5年以上勤務の社員の退職を出さない。

【人事評価】 0842

社員は自分がどのように評価されているか知りたがっているので、**定期的に面談して、公表したほうがよい。**

【信賞必罰】 0843

罰は前もって明示しておくことが必要。**例外をつくってはいけない。**敗者復活の制度をつくっておく。賞ばかりだと仕事をしない人間が増える。

【新商品】 0844

世の中になかった物ほど、売りにくい物はない。お客様が知らないから、説明しないとわからない。売れるまで時間とお金がかかる。

【新人】 0845

①**新しい職務**についた人は新人と同じであるから、**新人と同じ扱いをし、同じ教育**を行う。②現場教育を始めたら、**最初に何回か感想文を書かせ、新人の描いていたイメージと現実との落差を埋める指導**をする（これをしないと、新人が不安になって辞める）。③お世話係を付ける。

【新人教育】 0846

新人の心得は、最初から何もかも覚えようとしないこと。まず周囲にいる人の名前を覚える。これだけは1日で覚えてしまう。メモして覚える。あとはその人の名前を呼んで教えを乞う。新人を受け入れる側は、自分が新人だった時を思い起こして、最初から詰め込みすぎないようにする。何もかも一度に覚えられるものではない。物の置き場所、

仕事の手引書のある場所を優先的に覚えてもらう。初めは
頻繁に休みをとりながら行う。

【新人研修】0847
講義中心の研修よりは、実践重視の研修のほうが効果は大
きい。体で覚えないと、現場では役に立たない。

【新人の心構え】0848
仕事に慣れていく過程で、あれこれ自分の枠をつくらない。
枠とは自分のやる範囲（これはできる、これはできない）
を限定する言葉です。新人は、慣れるまでは言われたこと
をひたすらやるよりほかはない。気持ちが後ろ向きの時、
この仕事は自分に向かないと思うと、それだけで心が離れ
てしまう。大事なのは積極性、前向きな気持ちです。

【人生】0849
**仕事の中に人生がある。仕事の選択によって人生が変わる。
仕事のレベルアップによって人生が変わる。どこの会社を
選択するかによって人生が変わる。**自分の手でしか開けな
い。予告もなければ、リハーサルもない。だから初めて経
験することであれば失敗する。何度かケガをし、取り返し
のつかない経験をして、自分の力で大きくなる。**実行です。
正しい判断がすべてです。**

【親切】0850
親と縁が切れても、生きていけるようにすることです。猫
かわいがりをするということではありません。新人が早く
１人で仕事ができるように、チェックリストを使用して優
しく指導する。

【新卒(1)】 0851

言われたことはできる。言われないことはできない。０から10まで教える。新卒が育たないのは上司・先輩が悪い。新卒が50%を超えると会社が激変する。

【新卒(2)】 0852

時代の変化のトレンドです。戦力化を求めるなら、迎合と躾の損益分岐点を見極めなければいけません。

【進捗会議】 0853

①会議の前に次回の日程を確認する。

②経営判断に必要なお客様の情報を吸い上げ、正しい決定を行うために、「５つの情報」項目を共通化する。

　（ア）数字（実績報告）

　（イ）お客様からの声（ほめられたことやクレーム）

　（ウ）ライバル情報

　（エ）本部・ビジネスパートナー、市場の情報

　（オ）自分・スタッフの考え

③売上、粗利益、営業利益を前年同月と比べてみる。

④社長は最後に決定する。

【人的資源】 0854

１のものを２にも３にも拡大して活用できる、唯一のものです。

【シンデレラ商品】 0855

こちらから何もしなくても、お客様から注文のある商品です。販売に戦力を追加する。現場社員はお客様に聞かれるとわが社では扱っていませんと答える。上司が聞かないと

報告をしない。

【浸透】 0856

基本の繰り返しを組織全体に徹底させることです。最初の取り組みの基本は、整頓です。社長は社員から、また同じことを言っている、やっていると言われたら、一流です。

【新入社員】 0857

仕事は半人前、給料は一人前です。せめて、お客様への挨拶と環境整備だけは、その気になれば一人前にできます。

【新任】 0858

何もわかっていないのに、前任者のしていたことを否定して、いろいろと変えたがる。**現場が混乱するだけです。**どうしても変えたい時は、最低でも3ヵ月たってからにしてください。現場に100日行って部下に仕事を教えてもらう。

【真のサービス】 0859

競争のないところには存在しない。

【心配】 0860

頭でいろいろ考えるからです。体は一度に1つのことしかできないから、行動する人は悩まない。日頃の指導・準備不足から起きます。やきもきしてもどうにもなりません。心配なら、現場に行くことです。

【心配性】 0861

余計な仕事をつくってしまう。それを何もわからない人に引き継ぐのでコストアップになる。

【人物】 0862

人間ができているかどうかはその人の体験の差による。**倒**

産、浪人、大病、放蕩、戦争など並はずれた体験が人間への洞察力を養う。平和時に英雄は出ない。

【シンプル】 0863

あれもこれもでなく、不必要なことを削ぎ落とし、行動を絞り込み、**強く単純にする。**そして、このサイクルを繰り返し続ける。

【新プログラム】 0864

すぐに使用して、**使い勝手をチェックする。**時間がたつとプログラマーの記憶が薄れ、手直しに時間がかかる。6ヵ月経過すると、新しいプログラムを組むのと同じ時間がかかる。**具合が悪かったら、すぐに言う。**

新しいプログラム

	1ヵ月	2ヵ月	6ヵ月
プログラマー			
	全部 覚えている	だいぶ 忘れた	ほとんど 覚えていない
使う人			
	使いにくいと 思っていても だまっている	やっと 言う	

【身辺整理】 0865

人の悩みは、すべて身辺の乱雑から起こる。**物の乱れは心の乱れであり、心の乱れは物の乱れにつながる。**1年以上使わないモノを整理すれば、心もそれにつれて整ってくる。悩みがある時は、身辺のモノの整理をするとよい。

【人脈】 0866

一次情報を目や耳にしている多くの人から、生きた情報や知識が入ってくる。仕事に応じて、必要な人を紹介したり、集める能力もあります。

【親友】 0867

学生時代あるいは社会人になって、一番一緒に遊んだ人です。

【信用(1)】 0868

信頼の積み重ねによって得られる財産であり、維持することが大変に難しく、壊れやすいものです。会社にとって、最も重要な財産です。

【信用(2)】 0869

人は信用しても、仕事は信用してはいけない。

【信用の築き方】 0870

大前提——借りたものは必ず返す。銀行に嘘（粉飾決算）をつかない。①早期に実態を報告・連絡・相談する。②実績が有効。余裕のある時、限界まで借りてみる。③預金獲得運動期間に協力する。④定期的な銀行訪問。⑤情報のギブ・アンド・テイク。⑥メインバンクの乗り換えは簡単だが、デメリットも大きいので慎重にする。

【信頼】 0871

要求したことを確実に実行してくれると信じて、安心して任せる、あるいは依頼する。**人を信じない人は、人に信じてもらえない。**

【信頼度】 0872

営業報告、販売計画のチェックは**スピードが命です**。95%の正確度でよい。100%の正確度でも1ヵ月遅れでは意味がない。**対策が遅くなる。**

中味を正確に知る

中味はいくらでも大勢に影響がない

【心理的安全性】 0873

しがらみのないコミュニティが一番です。

【水準】 0874

低いほうに合う。

【水分補給】 0875

こまめに水を飲む。特に病気のリハビリ期間は1日2L飲むと良い。

【睡眠】 0876

健康体を保つ一番の手段。体力がないと8時間は寝られない。

【数字(1)】 0877

数字はそれだけで言葉です。物事を客観的に見ることができる。数字は決して嘘をつかない。

【数字(2)】 0878

売上をチェックするが、大切なのは数量です。業種により、売上は相場の影響を受け、時系列で比較しても正確な変化が把握できない。正しい数字の分析には、数量を見ること

が必要不可欠です。

【数字活用】 0879

目標がなければダメです。長さを測るのは物差し、重さを量るのは秤。どちらも道具が必要です。会社の中で数字を測る道具は基準を明確にすることです。

【数値】 0880

現場作業の結果でしかない。改善提案ができるのは現場の人だけです。

【数字による目標】 0881

前年の売上が100で、今年の売上目標が 0 か50か100か150かでは方針が大きく変わります。**数字のない目標は、意味がない。**

【すぐやる】 0882

すぐやる、あとで直す。「そのうちに」というのは、やる気のない証拠です。やりながら手直しをしていけば、パーフェクトに近づいていくものです。決めるべき時に決めることが、**成功の秘訣です。**事を始めるにも、打ち切るにも見切りは大事です。

【スクラップ・アンド・ビルド】 0883

人は一度に 2 つのことはできない。新しいことを行うには、まず捨てる（スクラップ）。そして、始める（ビルド）。新しい仕事を始めるには、まず時間をつくる。時間をつくる

には、一番必要のない仕事をやめる。

【スケジュール】 0884

先に決めた人がすべてに優先する。変わらないものを先に決める。とりあえずでよい。雑務・予備の時間をとる。準備の時間がどうしても抜ける。今日、実行したことを次いつやるかを決める。これが一番重要なことです。

【スケジュール共有】 0885

スケジュールを公開し、部下に上司の活動が見える状態にする。空いている時間に同行を依頼し、一緒に現場に出やすいようにする。

【スケジュールの整頓】 0886

①スケジュールを決める。
②スケジュールに仕事・人を付ける。
③今日のスケジュールを1年後に落とし込む。

【スコアボード】 0887

業績を上げるために必要なものです。全員が数字を意識するようになる。

【スター】 0888

人ができないことをやる。人ができることをやる人はリーダーになる。

【素敵な人】 0889

情熱をもって生きている人です。

【ストレス】 0890

①なんでも前向きにしないとすぐにたまる。自分の好きなことをやっていれば、疲れを感じても、ストレスがたまる

ことはない。②自分でストレスを捨てるパターンをつくる。カラオケとか。③早く取り除き、心を傷つけない。④人に聞いてもらう。

【素直(1)】 0891

「すみません」「失敗しました」 が自然と口から出る。すぐに口から出ないと、後々になって倍の苦しみを味わうことになる。過去の経験や知識だけで物事を決めつけたり、否定したりしない。全ての物事は常に変化する。

【素直(2)】 0892

成果が出ている人をそのまま真似できる人。

【素直なセールス】 0893

商品の欠点から説明して、次に長所を説明する。お客様が信用する。

【スピード】 0894

早く始めることです。早く対応することです。どんなよいことも、時間がかかると効果が薄れる。

【スピード決裁】 0895

iPhone・iPad等で決裁を申請、承認できる自社開発アプリです。どこでも決裁ができるため、物事をスピーディに進められます。稟議の50%が1日で通る。25%が当日中に入金される。

【スランプ】 0896

今まで手抜きをしていた結果です。見込み客が極度に不足している状態です。ライバル会社からお客様を奪うことが脱出の一番の方法です。

【すり替わり営業】 0897

最初のアプローチは、社長の力を借りて成果につなげるやり方。社長の肩書きを使用して営業先の担当者、決定権者とお会いした後は営業担当にバトンを渡して、具体的な詳細の説明をさせて行う営業方法。

【誠意】 0898

形で表さなければ相手は納得しない。訪問回数でしか表現できない。

【成果】 0899

花を咲かせることではありません。**実をならせることです。**方針実施の先にあります。

【正確】 0900

２つの違うルートから情報が入ってきて、どちらも同じ内容だったものを言います。

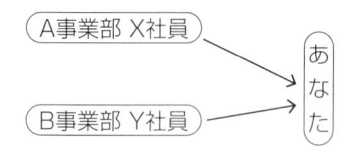

【成功】 0901

変化し続けることです。あらかじめ設定された価値ある目標を、段階を追って実現していくことです。

【成功事例】 0902

結果が出ていることを同部署で横展開して成果を出す。次に他部署で横展開をする。

【成功体験(1)】 0903

過去に満足した途端に後れをとってしまう。変化の激しい時代は判断を間違う。**進むべき道を教えてくれるのはお客様の声です。**

【成功体験(2)】 0904

失敗したとき、「悔しい」と思えるかどうかが重要な分かれ目。本当に悔しいと思えば、学ぶ。周囲で成果を上げている人を観察し、その人がやっていることを真似る。そうすれば、成果につながる。

【政策勉強会】 0905

全従業員が参加して、前半は各種表彰を行い、後半は社長から半期の方針発表を聞く会です。

【生産性】 0906

成果に対する費用の割合です。**費用を小さくするのが社員の役割であり、社長の役割は成果を大きくすることです。**

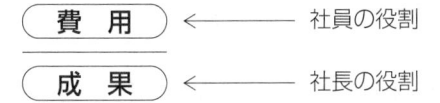

$$\frac{費\ 用}{成\ 果}$$

費用 ← 社員の役割
成果 ← 社長の役割

【生産性向上】 0907

業績を左右するのは、費用ではなく**成果**です。費用を小さくすることなど現実には不可能です。また、コストアップを抑えるのも大変です。成果を上げることのみに戦力を投入することです。

【誠実】 0908

言うことと実行することが同じ人です。

【誠心誠意】 0909

自分が重大なミスを犯した時は、先方に行きたくない。叱られるのが怖いから。**だが、こういう時こそ行くべきです。**また納期が遅れた時など、叱られるからギリギリまで黙っている（お客様からチェックされるまで）。これがいけない。遅れると思ったら、すぐに出向いて叱られて、**お客様と一緒に対策を考える。**

【生成AI】 0910

従来のAIが決められたことを行い、自動化するのに対し、データから学習したパターンや関係性を活用し、テキスト・画像・動画・音声など多岐にわたるコンテンツを新たに生成することができる。Geminiは2024年11月から使用開始している。

【成績の悪い営業マン】 0911

①他社の営業マンが来ないところにしか売りにいかない。②今日訪問するリストがない。

【成長】 0912

前年よりもお客様の数が増えることです。お客様の数が増えない成長はありません。

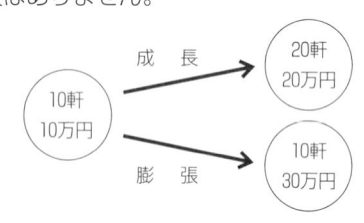

【成長企業】 0913

売上の25%が、この5年以内に開発した商品である会社。
お客様の25%が5年以内、働いている人の25%が5年以内
の入社で、3つが合致すると急伸する。

【成長する】 0914

人間は失敗から学び、失敗によって成長する。前向きのチャレンジは失敗してもどんどんしたほうがよい。失敗せずに問題を解決した人と、5回失敗して問題を解決した人では、要した時間と金額が同じなら後者のほうが優秀です。
仕事以外に自分を成長させることはできない。

【正当な理由】 0915

どんな理由があろうとも、決められたことは守らないとダメです。**業績が悪ければなんの意味もありません。**

例

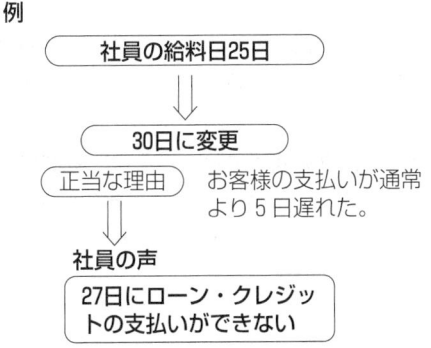

※どんなに正当な理由があろうとも、給料日には給料を支払わなければ、社員は納得しない。

【成績】 0916

個人の能力より、仕事の追求の仕方がポイントです。**お客様がどのくらい喜んでくださったかです。**

【整頓(1)】 0917

必要な物を必要な時に、すぐ使える状態に保つことであり、そのために置き場所を決め、数量を明示し、管理責任者を決める。そして、使ったあとは必ずもとに戻す。

【整頓(2)】 0918

物の整頓、考え方の整頓、情報の整頓があります。新人は甘い基準で結果を出させ、レベルアップしたらほめる。

【性能比較】 0919

お客様に商品の価値を実感していただくために行うことです。

【税務調査】 0920

タダで節税の方法を教えてくれるコンサルタントです。自社の**内部監査**としてとらえる。

【整理(1)】 0921

いる物といらない物を明確にし、いらない物を捨てることです。捨てなければならない時、その大切さがわかる。捨てるのが一番難しい。**社長（トップ）がいらない物を指示する。**捨てる痛みを知る。

【整理(2)】 0922

整理はいらない物を捨てる。整頓は使いやすくする。整頓の極みはルーティンにすることです。

1. 整理されていない状態

7	け	12	う	A	3
あ	F	4	G	13	さ
10	か	E	6	お	I
B	2	え	K	H	9
く	D	い	11	5	こ
1	J	8	C	き	14

↓

2. 整理された状態

7	2	12	6	13	3
10		4	11	5	9
1		8			14

→

3. 整頓された状態

1	6	11
2	7	12
3	8	13
4	9	14
5	10	

【席】 0923

①山を二つつくってはいけない。②業界を最優先にする。③上司や経験・体験の多い人にチェックしてもらう。④社内の結婚式の席は方針書順です。

【席につく】 0924

商談などで、喫茶店でどちらの席についてもよい時は、①店にある時計を背にしない。腕時計を見なくて済む。②通路・人通りが多いほうを背にしない。相手の気が散る。

【責任】 0925

結果として出た不本意な成果に対して経済面から換算し、お金など経済面で穴埋めし、償うことです。責任を取るとは、お金や物によってこれを償うことであり、これ以上の責任の取りようはない。**失敗をして会社を辞めることを責任逃れと言う。**

【席次】 0926

一年ごとに、成績によって決まるものです。年功序列では、優秀な若い人がやめる。

昨年	今年
1 東京太郎 2 秋葉始 3 森野意松 4 山梨研二 5 都　留高 6 神山　太	1 東京太郎 2 山梨研二 3 秋葉始 4 神山　太 5 都　留高 6 森野意松

【責任者】 0927

数字の要求でなく、実施のプロセスをチェックする。日常業務の遂行をチェックリストを使用して行う。

【責任をもたない人】 0928

自分の都合のよいことばかり口にする。

【世間体】 0929

会社のためとか家族のためとか周りばかり気にして、自分の意思のままに生きない人。自分の意思に従って生きると波風が立つので、世間に合わせるのが**結局一番楽だとしてしまう人です。**

【節税】 0930

利益は①お客様数の増加。②社員教育。③インフラへの投資。④M&Aを行う。⑤経常利益の順で未来に投資する。経営を安定させず経営革新を行い、つぶれにくい体質にする。

【接待(1)】 0931

取引先を接待しても良いがされてはいけない。やむをえず接待を受けた時は、必ず社長に報告する（会社として先方にお返しを考える）。最高の接待はうなずきながら聞くことです。

【接待(2)】 0932

利益を上げさせてもらったお客様に派手な接待や贈り物をすると、儲かっていることを相手に示すことになり、後日値下げをさせられる原因になりやすい。

【絶対】 0933

条件と環境が整った時以外はありえません。

【絶体絶命】 0934

人間はギリギリのところまで追いつめられると、そこからいろいろと学んで大きく成長する。こっぴどく負かされて、負け続けて体で本質を知る。

【絶対評価】 0935

甘い上司は全員「オールA」の評価になる。全社的に見ると、中の上程度に評価が集まり、ダンゴ状態になる。会社の業績が悪くてもS・Aが多くなる。

【絶頂】 0936

極めてはいけない。あとは下るだけだからです。一歩手前でナンバー・ワン、ナンバー・ツーを引き抜いて新規事業・他事業にあて、95%の状態で安定させることが大切です。

【節度】 0937

公私混同をしない。金の使い方をきれいにする。投機に手

を出さない。男性や女性に金を使わない。社員には社長の金の使い方が丸見えであり、悪いところばかりが真似される。

【説得】 0938

理屈でねじ伏せてもダメ、酒を飲みながらがおすすめ（ただし就業時間外は避ける）。その行為の性質上、程度の差こそあれ、その人の非を責めるという部分が含まれがちである。自分が傷ついても、相手が説得に応じる場合は、①共通の利益がある時。②互いに助力を必要とする時。③互いに役に立つ時。

【設備】 0939

お客様に正しいサービスを行うために整える。積極的にスクラップ・アンド・ビルドを行う。すぐれた武器でも、状況が大きく変化すると足手まといになる。

【設備投資】 0940

お客様に喜ばれることと人手不足が改善できることで、その**心臓部**から行う。赤字であっても、コンピュータ化された機械の導入は積極的に行う。機械設備はB/Sの世界で損益に影響しない、投資によって利益が出てから減価償却が始まる。**全額長期借入金でまかなうのが健全です。**

【説明】 0941

自分がよくわかっていることが一番大切です。①現在の理解力を確かめる。②興味をもたせる。③予備知識を与える。④必要性の話をする。⑤わかりやすく話す。⑥できるだけ専門用語を使わない。⑦お客様にお金を頂いてから十分に

する。⑧質問をしてチェックをする。

【節約】 0942

効果がない。効果があるのは削減です。蛍光灯をこまめに
つけたり消したりして節電するよりも、蛍光灯をはずした
ほうがずっと効果があります。

【狭く深く】 0943

中小企業が成長する鉄則です。やらないところを決めて、
やるところは深く掘り下げて追求する。

【セミナー】 0944

安心を買いにいく。身につかないのは自分のことに置き換
えて聞かなかったり、勉強になったことをその日のうちに
実行しないからです。勉強しても聞きっぱなしでは、時間
と費用のムダです。

【攻め】 0945

スピードが大切です。**スピードの差がシェアの差になり、**
時には命取りになります。

【セールストーク】 0946

お客様のお役に立つことは何か、を探るのがセールストー
クです。

【セールスマンの生産性】 0947

①他社より低めに見積もる。②生産性を上げすぎてはいけ
ない。③上げすぎると手が回りきらないので市場戦略に負
ける。④必要なのは人数増加です。

【全員経営】 0948

経営への参画は、アセスメントで発言させ、**「決定実現の**

方策」 に参加させることです。

【宣言】 0949

自分で紙に書いて貼り出し、発表しないと守らない。実行に向かわない。

【先見性】 0950

当初は常に少数派です。体験と計画がないともてない。

【洗車】 0951

雨の翌日に行うことで、クレームやイレギュラー対応の訓練になる。

【戦術】 0952

戦略目標を達成するための手段、やり方のことです。戦術は戦略に従属する。戦略に反した戦術を実行すれば、いくら目の前の利益に合致しているように見えても、結局は失敗する。

【先生】 0953

良い先生になるには、最初に良い生徒でなくてはならない。生徒の時によくメモをとり、復習をすることが大切。**生徒より先生をやったほうが勉強になる。**

【戦争】 0954

その時代の最高の科学と技術を生み出す。経済戦争は、相手が受けるのと同じくらいの損害を覚悟し、お金を充分に用意してから始めないと勝てない。

【全体最適】 0955

組織全体で課題解決に取り組む。部分最適な考えでは、会社としては発展しない。

【選択】 0956

同じ味で大きさの違うリンゴが5つある。**大きい順に選ぶのは間違いです。**確実にレベルが下がります。1つ選んで全部捨てて、新しいリンゴを5つ用意してその中からまた1つ選ぶのが正しい。定期的に新卒・中途を採用するのが正しい。

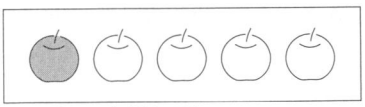

1つ選んで全部捨てる

新しいリンゴの中からまた1つ選ぶ

【前兆】 0957

今まで売れていたものがパッタリと売れなくなる時がある。そんな時は、売上が落ちるかなり前から単位当たりの利益が下がり始めている。

【先手必勝】 0958

負けない条件です。リスクも大きいが、成果のほうがはるかに大きい。スピードが大切です。

【宣伝】 0959

どんなによい商品でも、すばらしいサービスでも、お客様が知らなければ売上や利益につながらない。**広く長く知名度を上げることが大切です。**

【先輩】 0960

後輩に仕事や組織の伝統を教え、伝える人です。先輩が悪いと、部下は育たない。教える時に、自分が何も知らなかった時のことを思い出して教える。

【専門家(1)】 0961

誰もがなる必要はない。いい人と知り合いになって、必要な時にその人の力を借りれば、労力と時間が節約できる。

【専門家(2)】 0962

新しいことを受け入れたがらない。

【占有率】 0963

シェアのことです。**ランチェスターの法則を知っていようと知っていまいと、この法則に左右される。**一定の商圏内の全売上高における、自社の売上高が占める割合です。たらいにインクを垂らしても色はつかないが、コップにインクを垂らすと色がつく。存在感が出てくる。占有率と収益性は比例する。

【戦略】 0964

左に行くか右に行くか、前に進むか後退するか、どの方向に進むかを決定することです。札幌と大阪に、同時に同じ人が行くことはできない。どちらか1つを選ぶことです。

【戦略能力】 0965

目的を正しく選択する。目的を間違えると戦略も誤る。**長期の視点で将来の意思決定をする。**数字で逆算する。

【戦略マップ】 0966

お客様とライバルが、一目瞭然で見える。物量作戦、時間

効率のアップに欠かせない。地図にお客様やライバルをプロフィットする。

【戦力】 0967

分散してはいけない。どこかに集中させる。総合力では大企業に負けるので、ある一点に集中させる。

【全力】 0968

何時も全力を出して取り組んでいないと、いざという時にできない。機械も人も同じです。

【前例】 0969

なければつくればよい。よい前例をつくることが幹部の仕事です。

【創業】 0970

あまり計画的にやりすぎては小心になる。経費をできるだけ多く見積もって、採算に合う事業を行う。その上で経費を見直す。**資金は当初の見積もりの2倍が必要です。**

【増強】 0971

お客様との接点を増やすことです。セールスマンを増員するのが一番です。

【掃除】 0972

掃除はボランティアです。自由に行うものです。自主的にはなかなかできない。掃除の目的はゴミや汚れを取ることです。環境整備とは異なる。

【増資】 0973

資本金の増加は、最もすぐれた資金調達の1つです。自己資本比率がアップする。

【総資産】 0974

相手の会社の売上規模を測るモノサシ。総資産÷粗利益率によって計算できる。

【創造】 0975

手で紙の上に絵あるいは文字として書かれて初めて、この世に存在する。過去の体験、記憶の再現以外はできない。

【想像力】 0976

いまだ実現していない物事を頭の中で映像化する。頭の中で実現のイメージができた時、そのイメージは現実のものとなる。

【相続】 0977

業績の悪い時が良い。繰越欠損がある時が最大のチャンスです。株式は渡すが黄金株を設定して経営権は渡さない。

【相対評価】 0978

全員が頑張っても、また、それなりの成績でも、一定の比率でＡ25％、Ｂ55％、Ｃ20％と決める。下位同点は上位に繰り上げる。評価としては絶対評価より厳しい。頑張った人が報われる。社長直属かそれに近い部門長は、減収・減益でも相対評価でＡ評価がつくから、絶対評価でＣ評価以下が正しい。

【相談】 0979

部下に仕事をお願いする時に行う。部下の提案や考え方を取り入れながら進めていけば、部下はその仕事をわが事として、熱心に取り組むようになる。

【相談（サポート会員からの）】 ₀₉₈₀

人事とお金に関して聞かれたら、「人事とお金に関しては小山にご相談ください」と答える。

【早朝勉強会】 ₀₉₈₁

社長がこの本と経営計画書をテキストにして、45分間行う。終了後、参加者が全員30秒以内でコメントを発表する。

【総務】 ₀₉₈₂

全社員が最も仕事に打ち込める態勢をつくる部門です。人を管理・監督する部門ではなく、全社員とその家族が日々明るく生活しているか、病気はしていないか、絶えず気を配り、助け合い、幸せに仕事ができる場をつくるのが仕事です。

【即答】 ₀₉₈₃

最高です。

【組織】 ₀₉₈₄

①**変化を好まない**。お客様のために活動することよりも、組織の存続のほうが優先されやすい。②お客様から成果を上げるための内部体勢です。**役割分担として必要なものであり、従業員のためのものではないから、その目的を果たすために従業員間に混乱が起きるのは当たり前です。**お客様の要求に合わせて**コロコロ変える**ことを誇りとする。③まずお客様・商品ありき、組織はあと。

【組織拡大】 ₀₉₈₅

会社の命です。革新と増員、これが会社を大きくしていく。人間の本能を無視してはいけない。**人間は自分のためにな**

るることは本気でする。

【組織活性化】 0986

①組織員を増加する。組織員の25％は5年以内に入社した人が占めるのが望ましい。②名称、新しい呼び名が必要。③満腹になった人をいくら集めても戦力にならない。

【育つ】 0987

一流は一流の中に入って育つ。一流の素質でも、三流の中に入っては二流止まりです。多くの体験や経験をしないと人は育たない。**環境が大切です**。社員は社員によって、人は人によって育つ。

【組織プロフィール】 0988

自社の情報を環境整備して俯瞰できるツールです。お客様、商品、ライバルを明確にし、目的・目標に向けての戦略・戦術を立案することができます。

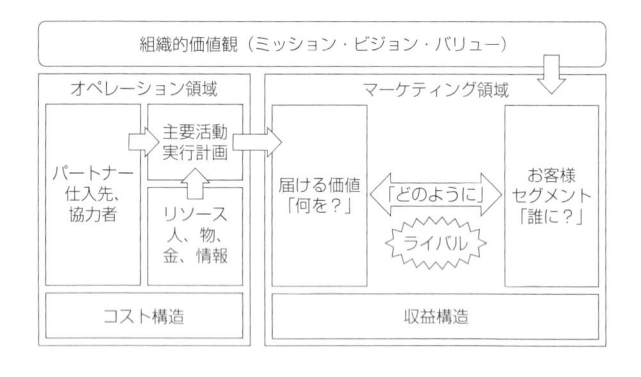

【組織変更】 0989

①商品をどう売るかによって組織が決まる。②誰を配属するかでなく、どのような組織がベストかを考えて、まず最初に形を決める。次にその組織に人を当てはめていく。人を見て決めると帯に短したすきに長しで、組織変え、脱皮ができない。

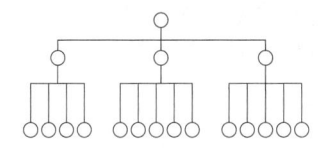

【育てる(1)】 0990

早く一人前にしようと思ってアレコレとさせるのではなく、わからないこと、知らないことを教えてあげて、待っていればよい。訳もわからずやっている仕事ほど、つまらないものはない。自分で理解して積極的に動きだすと、楽しくなる。部下を長い目で見て待っているのも、上司のつらい仕事の1つです。**テクニックでは育たない。育てる心が大切です。**

【育てる(2)】 0991

まず自分がやっているところを見せる。そして自分の気持ちを伝えて、部下に任せる。100点満点にならなくても、ほめてあげる。待つこと、許すことができなかったら、人は育たない。でも任せっぱなしではダメ。

【即決】 0992

やりながら、手直ししながら、パーフェクトに近づけてい

けばよい。決めるべき時に決めないと、失敗につながる。事を始めるにも打ち切るにも、**見切り発車が大切です。**

【そのうち】 0993

今はやる気がないという意思のことです。いつまでたってもできない。実行しない。

【ソフト】 0994

業務知識の習得が一番大切です。そして利益アップのポイントをつかむことです。

【ソリッドボイス】 0995

iPhone・iPad、電話機（固定電話・携帯電話）から手軽に操作することができる「Eメール」と「ボイスメール」の機能を複合したビジネスコミュニケーションツール。スマートフォン1つで、Eメール同様に送信、受信、転送、一斉送信を音声メールでやり取りでき、保存も可能です。定額通信料を利用すれば「通話料無料」です。

【損】 0996

個人的なことには敏感だが、会社のこととなると鈍感になる。

【存在】 0997

誰かにとって、あなたがいないと困る状態です。 お客様からは名前で呼ばれるようになることです。

【存続】 0998

経営理念や基本方針、方法論等が間違っていると、どんなに頑張っても、その汗も涙も苦労も実を結ばず、ただただ挫折感の虜になってしまい、明日はない。

【損益計算書】 0999

ある時期における、企業活動の損益状況を報告するもので
す。採算を見る。ＰＬと略します。

項　目	金　額
売　上　高	100
仕　入	40
粗　利　益	60
内 人　件　費	30
部 経　費	20
費 減価償却費	3
用 計	53
営　業　利　益	7
営　業　外　収　益	2
営　業　外　費　用	4
経　常　利　益	5

【第一印象】 1000

第一印象は①笑顔、②身だしなみ、③態度、④挨拶、⑤言
葉づかいで決まります。とりわけ大事なのは笑顔、声の調
子、言葉づかいです。**感じを悪くしようと思う人はいない
のに、感じの悪い人が絶えないのは、そのことを意識して
変えようとしないからです。**

【待遇】 1001

よくしなければ、どんなことを言っても人は定着しないし、
よい人材も集まりません。出すものを出さなければダメで
す。しかし、給料を高くしても、トータルの人件費率を低
くする企業努力をしなければ、会社は伸びません。

【体験】 1002

実行して得た知識です。体験したことをどう自分のノウハ

ウに変えたかが大切です。頭の中で理解できていると思っても、そのイメージは正しくないことが多い。だから、体でタッチする。五感で感じて、正しいイメージにする。

【体験学習】 1003

一度も働いたことのない事業部に行き体験を増やす。一日同行が基本です。感想文を提出する。

【体質改善】 1004

組織の手術です。人を動かさなければ体質改善はできない。少なくとも組織員の50％以上の人のポジションを替えなければ何も変わりません。抽象的な言葉で体質が改善されることはない。方法を明示して、実行する。

【損の道を行くこと】 1005

ダスキン創業者鈴木清一から直接聞きました。「損と得とあらば損の道を行くこと」。「社長、損をするのはおかしいではないですか？」「そうです。小山君、ですから常日頃から蓄え（利益）をしておいてください。蓄えがないと、本当に損をしなければならない場面で損ができません」。

【貸借対照表】 1006

社長の通信簿です。バランスシート（B/S）とも言います。ある時点における財産の状況などを報告する。**これまでの企業の蓄積を表している**。資金の活用を見る。

【大丈夫】 1007

相手があるから、これでよいという対策はない。思いもよらないことが起きることを想定できた時が、大丈夫な時です。

【損益分岐点】 1008

損益ゼロになるときの売上高のことです。粗利益額＝費用。

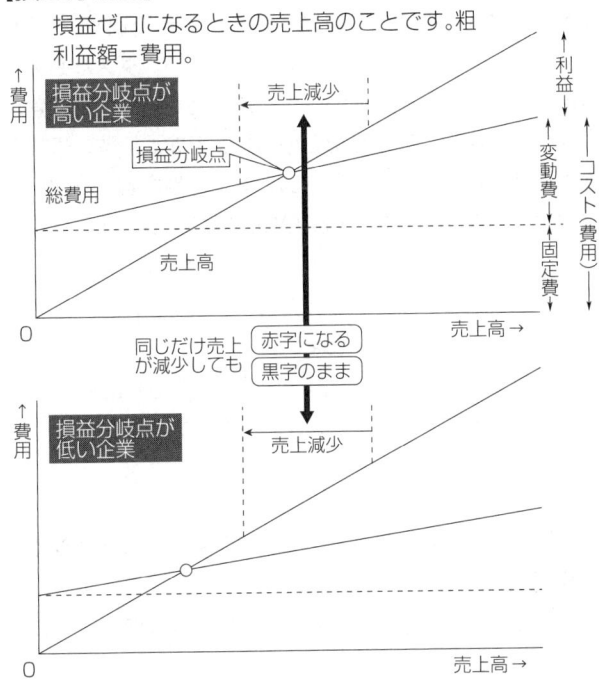

【退職】 1009

辞めてからも、会社に**顔出しができるようにする。**お客様の解約処理も同じです。

【退職届】 1010

手書きで書くものです。

【大胆】 1011

細心の注意があって成り立つ。

【対策】 1012

差を見つけることです。目標ー実績＝対策。売れる商品やサービスに対して、一層の販売努力をする。**ダメなものは、なんとかしようと思ってもダメ。目標と実績は、その差が大きいほどよい。差を詰めるのは誤りです。**目標未達成の原因追及に終始してはならない。対策は当事者がマンツーマンで行います。**何もしないのも対策の１つです。**

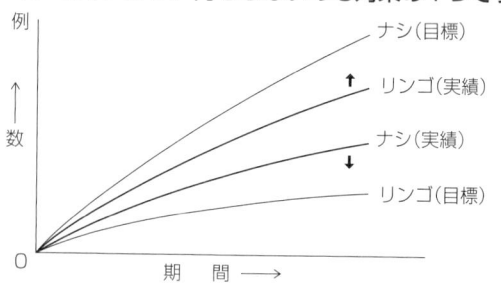

ナシを売る戦力をはずし、リンゴを売る戦力に振り替える。

【対前年比】 1013

対前年比の考え方は危険です。業界の伸びに対して、わが社の伸びはどうかが大切です。

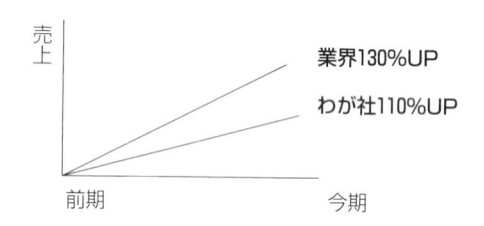

【隊長】 1014

開き直ると部下は安心できる。一挙一動を見ている。

【態度】 1015

商品に優先する。飲食店で料理がまずくても怒る人は少ないが、店員の態度が悪いと怒る人は多い。どの業界も同じことが言える。

【大発展】 1016

現状の大反省が出発点です。ライバル会社が出現するのが一番の早道です。

【大変】 1017

大きく変われる時です。大変と感じたら、業界トップに立てるチャンスです。心を変えることです。できます。やります。頑張ります。

【怠慢】 1018

トップがお客様のところへ行かない。これは致命的です。もう１つは、**会社の数字を見ない。社長の仕事は数字をつくりだすこと**です。

【タイミング】 1019

大きな変化は、常に前兆として小さな変化を伴っている。日常業務の中で感じた小さな疑問が、大きな変化につながる。定例報告では遅すぎる。**変化は会社の都合を待ってはくれない。**

【体面】 1020

とりつくろうとしても長続きしない。大切なのは中身です。

【タイムオーバー】 1021

どんなに良いことも良い話も、効果が薄れる。

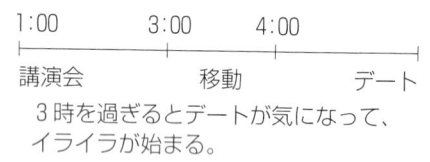

```
1:00        3:00        4:00
|————————————|—————————|————————|
講演会         移動          デート
```

　３時を過ぎるとデートが気になって、
　イライラが始まる。

【体力】 1022

昔の話ではなく、**現在の能力がすべてです。**

100m競争

```
 10年前          現　在
 13秒    ⟹      20秒
```

【対話】 1023

定期的に話し合いの場をつくることが大切です。内容はあとからでよい。

【多角化】 1024

住みつく業界を多くしていくことです。 同じお客様に、ほかの商品を複数購入していただくと「**相乗効果**」が生じる。同じ販売ネットワークに違う商品を乗せる。単一商品や単一事業ほど危ういものはない。別の柱をつくるのが**最大の保険**です。儲かっている時に利益を減らしてでも、期間を定め、金額を決め、人を配置してチャレンジする。

【妥協】 1025

せっかくの人材が、芽を出せない状態をつくることです。上司は甘い顔をしてはいけない。部下に知恵を求める。対

策は最低6つは出させる。そうすると、気がつかないところに気がつき、見えないものが見えるようになります。

【ターゲット】 1026
時間の経過とともに変わるものです。

【惰性】 1027
不平不満の人生しか生まれない。

【戦い】 1028
基本的には、質を求めてはいけない。量です。相手の弱点を見つけて、そこを突く。①主導権を握る。②勢いが大切。短期戦は成功するが、長期戦は成功例が少ない。③勝ち目がない時にはやらない。④功名を上げるものではなく、大切なものを守るために行う。⑤味方を助けないと、自分も生きられない。

攻めは短期戦

攻められたら長期戦に持ち込む

籠城する

【戦い方】 1029
最初はライバルの2倍3倍の訪問をして、相手をたたく。ほかのことをやってもダメです。

【戦いに勝つ】 1030
狙った物件は、お客様の予算に合わせて無理をしてでも受注する。あとから逆算して利益を出せばよい。定番商品以外の物はお客様がアッと驚く価格でよい。

【正しいこと】 1031

少し控えめに言うことが大切です。処世の知恵です。わかる人にはそれでわかる。わからない人は仕方がないが、控えめに言えば反発も少ない。

【正しいサービス】 1032

面倒くさく手間がかかることを、肝に銘じなければできないものです。

【達人】 1033

諦めることが上手な人です。

【達成率】 1034

売上、粗利益高目標に対して達成率で考えると会社をつぶす。社員が越えやすい低い目標をつくる。**経営は額です。**

$$（目標１００）× （達成率１０５）＝１０５$$

$$（目標２００）× （達成率　７５）＝１５０$$

【棚卸し】 1035

商品の数量、または金額を確認する。すべての資産のうち、現金と棚卸し資産以外は、帳簿に明記されている。現金は、毎日必ず手持ち高を調べる。結局、金額が不確定なのは棚卸し資産だけ。棚卸し資産の確定によって、資産の増減および損益が確定する。ゆえに、**棚卸しは利益管理の要になる重要な仕事です。**

【楽しい】 1036

自発的に行動する。

【多品種少量販売】 1037

売れる物はすぐになくなり、売れない物だけが過剰在庫になる。

【ダブルキャスト】 1038

不測の事態に対処できる。サブをつくることです。

【ダブルチェック】 1039

2人でチェックをすると抜け漏れを防止できる。

【ダブルチェック トリプルチェック】 1040

同じ目で見ては間違える。完璧を目指すなら違う目でチェックする。環境整備点検で満点が取れる。

【多忙】 1041

時間の浪費を許さない。時間を有効に使うように努力するから、結局はより多くの時間をもつことになり、仕事もテキパキこなしてしまう。

【黙っている】 1042

やる気がない。責任をとりたくない。卑怯です。①トラブルに巻き込まれたくない。②苦情を言っても、誰もまともに扱ってくれない。③いったい、どこへどのように苦情を言ってよいのかわからない。④苦情を言ったら、意地悪な仕返しをされるのではないか。

【球拾い】 1043

新しい部署で、50回または100回現場に入って、泥臭く現場を一から勉強することです。

【ダメ】 1044

今回はダメでも、次はいい時もある。お客様は、90点でも

買ってはくださらない。**お客様に何が100点なのかを教えていただく。**

【ダメ幹部】 1045

①社長を中傷する。②部下の提案をさっぱり取り上げない。③部下を当たりさわりのない人間にしようとする。④夢がもてない話をする。⑤暗い表情をしている。

【ダメージ】 1046

「できません」と言って断れば、誰かほかの人にお鉢が回る。次の人がその仕事を立派にこなせば、断った者の評価は間違いなく下がる。**実力主義の時代には、それが致命傷になる。**

【ダメ上司】 1047

自分に甘く、他人に厳しい人。最悪なのが、自分に甘く、他人にも甘い人。

【ダメな人】 1048

何ごとにも実現不可能な条件を次々に出してくる。常に細かい部分のみを突いてくる。新しいことに反対ばかりしていて、チャレンジしない。

【ダメを押す】 1049

「伝えたのに」「知らせたのに」相手がやらなかった。それは、相手のせいではない。やらないと双方が困るから、**ダメはイヤと言うほど押すほうがよい。**徹底することです。

【たら】 1050

人間の行動を鈍らせる。**条件が整ったらやると言う人は、条件が整っても結局やらない。**今やらない人は、次に何か

が変わってもやらない。自分の思うような条件が100パーセント整う時などいつまで待っていても来ない。

【単位当たり】 1051

時間当たり、1人当たり、お客様単価、投下資本当たり等々、分析するだけではダメです。分析の結果を生かすことが大切です。

【単純】 1052

最高の知性です。

【単純作業】 1053

モラルが低下する。

【担当】 1054

その仕事から逃げないようにすることです。明示しないとダメです。

【担当者ニュース】 1055

お客様担当者が、自分の出来事を手書きで1枚にまとめたお便り。伝票と一緒にお客様にお渡しし、担当者の人となりを知って頂くことで、商品だけでなく人と人とのつながりをつくるコミュニケーションツールです。

【単品管理】 1056

商品の動きを追い続ける管理でなければ機会ロスは避けられない。

【地域戦略】 1057

時間戦略です。地域を絞ると、短時間で粗利が上がる。

【知恵】 1058

求める人のところにだけやってくる。物事を知り、処理す

る心の働き、知識と体験の応用です。**本当に困ると出る。**
①人に聞く。②実践によって体得する。

【小さな会社】 1059

信用されにくい。お客様は大きな会社から買いたがる。

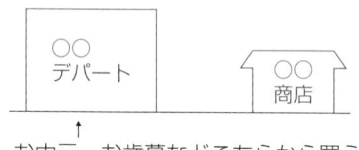

お中元・お歳暮などこちらから買う。

【チェック(1)】 1060

チェックとは、確認をして印をつけることです。 経営者は
マクロにチェックしてマクロに対策をとり、管理職はミク
ロにチェックしてミクロに対策をとる仕事の仕方をしなけ
ればなりません。部下はチェックされることにより、気が
つかない部分の指摘を受ける。チェックがなければ進展が
ない（平林社長作成）。

【チェック(2)】 1061

現場に行って手と足と他人に聞き、リストを見ながらチェ
ックをする。

【チェック＆コミュニケーション】 1062

１週間に１度、上司と部下で次の週のスケジュール確認を
しながらコミュニケーションをとることです。

【チェックリスト】 1063

繰り返し仕事、または標準化された仕事について、確認し
なければならない項目を漏れなくリストアップする。**ヌ**

ケ・オチを防ぐものです。作業ごとに時間を記入させると、仕事が速くなる。**慣れると最初の３分の１の時間になる。**

【近い】 1064

重要な選択要件です。

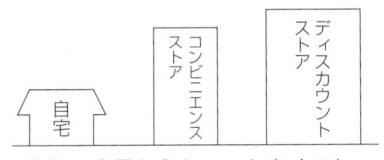

少額・少量ならちょっと高くても
近くで買う。

【近道】 1065

遠回りしたことがある人、ムダな体験や失敗が豊富な人でないと見つからない。

【遅刻】 1066

他人の時間を勝手に、自分の都合で奪うことです。どろぼうと同じです。2016年１月の社員勉強会200人参加で58人が大雪のため遅刻。会社始まって以来の不祥事です。

【遅刻者】 1067

理由を聞くと、嘘つきを育てることになる。事実を確認して、遅刻は「良いことか」「悪いことか」を聞けばよい。

【知識】 1068

普通にあればよい。どんなに知識があっても、実行されなければ意味がない。なまじ知識があると不幸です。**なければならないのは、知恵です。行動が伴わないとお金にならない。**

【地図】 1069

戦略・戦術・作戦を立てるのに必要な道具です。上から見る感覚が育つ。**お客様数・売上・シェア等を地図の上に落とし込み色づけすると、マーケットの様子が見えます。**ルート地図の作成は、保存のためではなく、現在のルートを見直し、効率的なルートにするための基本的な作業です。

【チーム】 1070

似た者同士でない、異質の人たちが集まって、討論し、ゆずるべきところはゆずって、新しいものを生み出していく集団です。**集団の中に一定の緊張感と競争関係の存在があると良い。**

【チーム活動】 1071

縦の組織事業部で補えないことを横串のチーム活動で補う。一連の活動は社員の自主参加による「8つのチーム活動」を中心に広く全社に展開され、社員1人ひとりの成長を促す仕組みとして機能している。事業部は縦糸、チーム活動は横糸。縦糸と横糸があれば繊維と同じで会社が強くなる。

【チームワーク】 1072

野球は9人でやるものだと最初から思っている人たちばかりでは、よいチームワークは生まれません。野球は1人でやるという意識の人間が9人集まって協力して、本当のチームワークが生まれる。相互依存とは、お互いにもたれあい、集団の中に逃げることではない。**人のために何かをしてあげる前に、自分のやるべきことをすることが大切です。**

【着手半分】 1073

物事に実際に着手したら、半分（5割）はでき上がったも同然です。あれこれ考えるだけで、なかなか手がけない人も多い。着手すべき点を早く見つけ、まずはとりかかることが大事です。**イヤな思いをしたことがない人はやらない。**

【チャンス】 1074

貯金ができない。**前から準備をしていないとつかめない。**一度つかむと次々に回ってくる。一度逃すとなかなか回ってこない。問題意識をもたないとつかめない。

【注意】 1075

気がついた時に「事」をその場で叱る。ワンテンポおくと、価値がなくなる。**何も言わないのはやさしさではありません。不親切なだけです。**

【中間報告】 1076

指示されたことの経過を報告する。報告がないのはやっていないのと一緒です。

【中小企業】 1077

大量生産の悪夢からさめないと、高収益の会社にならない。小さなマーケットで大きな利益を上げる。

【忠誠心】 1078

会社の業績が悪い時でも従業員を守らないと育ってこない。

【中途半端】 1079

逃げ道を用意して臨むからです。

【超一流】 1080

物事の長所しか見ない人です。

【長期借入金】 1081

①5年で売上を2倍にするには、**お金の借り増しが基本で
す**。②固定資産の購入は全額、長期借入金で借りて行うの
が正しい。利益目標で行わない。**利益は実際に計上できて
初めて利益と言う**。③デフレ時は借入れしないほうがよい。

【注文】 1082

コミュニケーションが不足すると減少する。**定期的に訪問
する仕組みが大切です。**

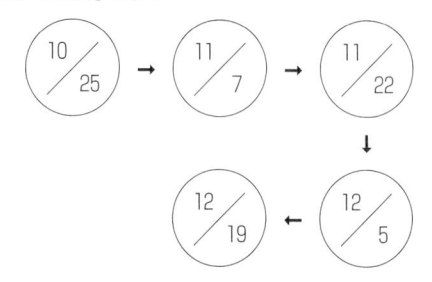

【長期計画】 1083

財務体質の改善を行う。5年先の夢を数字に置き換えてみ
るのが一番大事なことです。実現は、正しい数字を置いて
修正し、5ヵ年の資金運用を行い、お金が充足すれば可能
である。

【長期事業構想書】 1084

会社の未来設計を示したものです。この構想は、客観情勢
の変化と社長のビジョンにより、たえず前向きに書き換え
るものです。「わが社はこうならなければならない」という、
社長の決意を示したものです。

【長期事業計画】 1085

未来の決定のためでなく、**現在の決定**のためのものです。

	項　　目	11期	12期	13期	14期	15期
事業計画	○○事業	28	34	38	42	48
	□□事業	18	20	22	24	27
	△△事業	10	12	14	16	18
利益計画	売　　上	56	66	74	82	93
	仕　　入	22	26	30	34	39
	粗利益	34	40	44	48	54

5年後の売上を93にするために、今日何をすべきかを決める。

【長期戦略】 1086

10年スパンで考えて手を打っておかないと手遅れになる。**将来の危険に対して、今のうちに手を打つことです。日常業務にまさる。**

【長期有給休暇】 1087

上司の仕事を代行して、**部下が無理やり育つ期間です。**上司は月末から月初にかけて連続9日間休む。休む日程は会社が指定する。休暇中は出社してはいけない（始末書）。お客様への電話やメールは可。部下の成長の場を強制的につくる仕組みです。

【調査】 1088

全数やる。サンプル調査は役に立たない。調べることは1つか2つにする。そうしないと全数を調べられない。調べる内容を細かくすると、コストがかかり、スピードが鈍る。

正確に自社のシェアを知ることが大切です。質を求めるのでなく、量が大切です。定期的に実施をする。

【調査方法】 1089

①お客様がすぐに答えられることのみを聞く。②売りを前面に出さない。③ナンバー・ワンの時は、「業界を代表して」と言う。サービス向上のために。

【長所】 1090

ほめることによって特徴が引きだされる。ほめられた人は、うぬぼれるより、期待に応えようという意欲を強く抱く。

【朝礼】 1091

従業員が経営計画書の方針を唱和する。自己の存在と共に、仲間の存在を確認し合い、目標達成のために取り組む意気込みを示す場です。

【長短比率】 1092

銀行は融資をする際、最初は短期資金を貸して様子を見る。そして、長期と短期を取りまぜて、資金を弾力的に運用している。

$$\frac{長期借入金}{短期借入金＋長期借入金} \times 100$$

100%に近いほど、銀行から信用されている。

【朝令暮改】 1093

方針がコロコロと変わることです。変化に対応して生き抜くには、これしかありません。

【直感力】 1094

経験の積み重ねの結果です。難しい、タフな方をあえて選

択するクセをつけて磨く。

【賃金制度】 1095

能力主義の骨組みの上に、年功要素を調和させる。市場原理を導入する。

基本給＋職務手当＋その他手当＝給料

給料が高いほど、難しい仕事をしてもらいます。

①基　本　給……過去の実績です。

②職　務　手　当……どういう仕事をしているか。

③その他手当……福利厚生として支払う。

④賞　　　　与……どういう成果を出したか。

【沈黙】 1096

意志の弱い人は、心で思っても口に出さない。一緒に仕事をしたことがない人は、信頼関係がないからめったなことは言わない。ポストにしがみつく幹部は、ヘタなことを言ってせっかくの地位を失うのを恐れて、積極的に発言しない。こういう会社は社会の役に立たないから、業績が低下していく。

【ついで】 1097

誠意が伝わらない。使った時間、お金が生きない。

【疲れる】 1098

仕事をする上で明確な目標がないからです。

【ツキ】 1099

ついている人と付き合うのが一番です。天地自然の理に従うことです。

【付き合い】 1100

ビジネスはYES・NO、プライベートは好き・嫌いが基本です。

【都合】 1101

自分にとって都合のよいことは、お客様にとってはむしろ都合の悪いことが多い。大切なことは、お客様の都合だけを考えることです。

【伝える】 1102

同じことを6回繰り返して初めて、全体の60%の意思や情報が伝わる。

【強い組織】 1103

トップが1週間留守にしても大丈夫な組織です。トップの大切な仕事は、お客様を迎え入れる前に、まず中にいる人を育てることです。

【強くなる】 1104

1つの白星が自信を生み、2つの白星が自信を大きくする。勝つことによって、技に磨きがかかる。気力も充実する。

【つらい】 1105

つらい時ほど、人の情けが身にしみる。やさしい励ましで、なえかけた気持ちにまた張りが出てくる。

【手】 1106

手は脳の出先機関です。目は臆病だが手は勇気がある。**頭でなく手を使えば収入になる。**①先手を打つ。②手数を出す。③手を入れる。④手を尽くす。⑤手をつなぐ。⑥手を結ぶ。⑦手を合わせる。

【出会い】 1107

人を変えていくものです。いい人と出会うと自分もよくなる。大切にすべきものです。一生のすべてが決まることがあります。

【提案型営業】 1108

お客様の問題を解決するための提案をする。ヒアリングが基本です。

【DM】 1109

定期的に出さないと効果がない。一度買っていただいた方やわが社のお客様に出す。**DMを出す前に電話してお知らせしておくと、開封率は10倍になる。**プラスワンが入っていると開ける。

【DX】 1110

①DXは環境整備の取り組みの一部とする。

②IT化にとどまらず、変革を起こし成果を出す。

③ITツールを駆使して効率化する。

【定期訪問】 1111

お客様を敵から守る。売り込みでなく、お客様確保が目的です。降ろうと照ろうと、注文が取れようと取れまいと、そういうことに関係なくお客様を訪問することが大切です。

【定期訪問基準】 1112

年間粗利益額によって訪問回数を決める。社長を先頭に管理職が行う。

【偵察】 1113

相手の一番強いところを見にいく。車両台数の調査は休日

が最適です。敵が一番安心している時か、忙しい時がチャンスです。小売店ならば、日曜日のPM6：30頃がよい。売れ筋が欠品になっている。

【定時終了】 1114
業務の開始時に終了時間を決める。最後の１時間は明日の準備をする。終了時間が遅いのは、怠慢と準備の悪さにあります。準備を十分にして定時に終わらせる。

【定時訪問】 1115
ルートサービス担当者の基本です。お客様は期待して待っています。

【Ｄストック】 1116
ダスキン本社に預けている保証金。マット・モップ等に発生する。お金と同じで大事にする。

【定性情報】 1117
金融機関は定量データの決算書の数値で判断できるが、定性情報の把握は難しい。経営計画発表会や定期的な銀行訪問が大切。社風や規律、従業員の姿勢が評価される。

【手一杯】 1118
仕事の量が多くなったら、重点から遠い部分を一番に捨てる。次に部下に渡していく。

【定点観測】 1119
同じ場所で同じサイクルで見ると違いがよくわかる。見えないものが見えてくる。

【定番商品】 1120
お客様はいつでも在庫があるものと思って発注してくる。

品切れは厳禁です。

【定量情報】 1121

数値によって計測、集計、分析が可能な情報（データ）を指します。①財務体制を充実させて、現金と固定預金の合計で長期借入金を上回り、実質無借金経営にする。②節税で長期借入金を増やし、月商の3倍の現金・普通預金を確保し、緊急支払い能力を高める。

【適材適所】 1122

思わしくなくても、すぐれた点があると信じて、仕事を変えることです。魚がその人の能力なら、水は環境です。その人に合う水を選んであげる。

【適性検査】 1123

目では見えにくい人間の考え方、価値観、能力、ヒューマンコアを知る道具です。採用活動は、知りたいことに合わせて複数使い分けるのが正しい。

【適正在庫】 1124

3日以内に調達できるものは在庫にしない。現場は、**誰もが欠品には敏感になるが、在庫が多すぎる分には不安を抱かない**。現場が最も恐れるのは、ラインがストップすること。それを防ぐために、常に余分に在庫を持とうとする。だが、こうした考えをもっていたら、その分在庫が膨れ上がる。適正在庫の早道は**環境整備**です。

【できた】 1125

できるとは大違いです。大切なのは「できる」ではなく、できた経験です。

【テキトー】 1126

スピードで取り組むことです。デタラメとは違う。

【できない】 1127

①今すぐにやろうとしない。②自分1人でやろうとする。③今までどおりの考え方、やり方でやろうとする。④「しない」と混同しない。やってもいないことをできないと言ってはいけない。

【できません】 1128

出世のチャンスが逃げます。

【できる】 1129

人間が考えてできることは、**口を動かすこと、手を動かすこと、足を動かすことです。**コンピュータは教えたことしかできない。

【テスト販売】 1130

初めから大々的にやらない。小さな地域で繰り返し行い、販売方法・価格・数量をつかみ、ノウハウができてからマーケットを広げる。

【データ】 1131

①データを持つと販売の確率が上がる。データそのものは過去のもので、なんの価値もない。データを加工することによって情報になる。データを持ったからといって、行動しなければなんの役にも立たない。**データ＋加工＝情報。**②問題を発見して、業務改善を行う。

【データ解析】 1132

データベースを一元化し、ビッグデータを解析する。経験

と暗黙知を形式知にして、未来をデザインする。

【データベース】 1133

取引およびその他のデータをすべて入力しておき、必要に応じて必要な情報を加工して、取りだす方法のもとです。**作成するエネルギーのわりには成果が少ない。**

【手帳型経営計画書】 1134

経営計画書による方針の共有ができる。毎年、アセスメントにて幹部が参画し、作成したたたき台をもとに、社長が経営計画書を作成する。従業員は朝礼や勉強会等で毎日指定された方針を読んで活用する。

【哲学】 1135

物事をどう考えるかです。しっかりした考え方をもつことです。体験・経験を科学する。

【撤退】 1136

時間をかけて分割し、少しずつ引く。一度に引いてはいけない。積極的な働きかけをしない。**資金を投入すればするほど引き際が難しくなり**、時がたてば泥沼に引きずり込まれ、命取りになる。

【徹底する】 1137

他人が見たら異常と思うほどの執念をもって実行する。

【出直し】 1138

間違ったと思ったら未練を残さない。その時失うものがいかに大きくとも、そこで出直して先々得るものに比べたら大した痛手ではない。

【テナント】 1139

スペースが制約されているので、売上が頭打ちになっても手を打ちにくい。毎年30％の商品を入れ替える。

【手抜き】 1140

仕事の手抜きは人の生活を奪うこと、遊びの手抜きは人の楽しみを奪うことです。遊びの手抜きをすると、本性を見られてしまいます。友を失い、職を失う。

【デパート】 1141

包装紙を売るお店です。**信用を売るお店です。**

【手本】 1142

目標になるものが身近に実在することです。「あの人だってできたのだから、自分にもできる」という決意がわいて、自分の夢や希望がどんどん大きくなります。

【テリトリー】 1143

わが社が優位に立って行動できる地域でないと、販売の実績を上げることができない。**敵よりも量を投入できるところです。**

【テレビCM】 1144

①社内のモラルアップに一番効果がある。②競合他社の従業員が戦意を喪失する。③お客様への告知は莫大なお金を投入しないと効果が薄い。

【転換点】 1145

①年計グラフが緩やかになり始めたら、頂上または谷が近いことを示している。

②年計が下がり始めたら経費を見直す。

③年計が上がり始めたら販売を強化する。

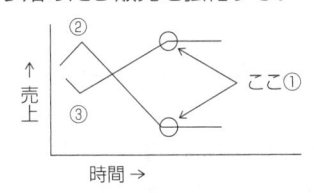

【転記】 1146
ミスの原因です。学習の方法としてはよいが、実務としては不適格です。

【転勤】 1147
子供のことを考えて学期末まで待つのではなく、どうせ引っ越しをするのだから早ければ早いほうがよい。そのほうが子供も幸せです。住めば都です。

【転原自在】 1148
過去と他人は変えられない。未来と自分は変えられる。

【天才】 1149
努力を持続できる人です。

【転職(1)】 1150
今の職場で全力で仕事をしない人は、ほかの会社へ行ってもうだつが上がらない。当然人間関係も改善されない。自分に問題があることに気づいていないからです。新しい職場で一番先に退職を言われるのは、最後に入社した人です。

【転職(2)】 1151
スキルアップと勘違いをしている。スキルがあって給料が上がるのに、スキルが上がらないのに転職するから新しい

会社で給料が上がらない。

【伝統】 1152

守るものではなく、歴史を積み重ねていくものです。

【電話】 1153

最初に出た人がわが社の顔です。これは目に見えない、お客様に対する営業活動です。それだけに相手の方に対して、会社を代表した態度で応対しなければならない。

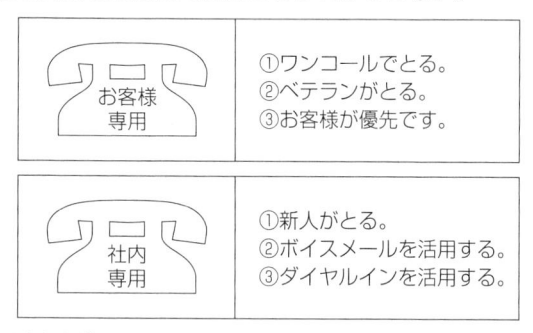

お客様専用	①ワンコールでとる。②ベテランがとる。③お客様が優先です。
社内専用	①新人がとる。②ボイスメールを活用する。③ダイヤルインを活用する。

【電話応対】 1154

①できる限り2コール以内でとる。**笑顔で、**明るく、ワンオクターブ上げ、はっきりした声で話す。

②担当者が不在の時も、**「わかりません」「知りません」「できません」**は口にしない。

③わからないことは即答せず、よく調べてから返事をする。

【電話注文】 1155

お客様が自分のお金を使い、売上を上げてくださる。感謝の気持ちでお受けする。

【電話番号】 1156

お客様が自社の電話番号を覚えてくださっていると思ったら、大間違いです。こちらで**シール**を作成し、冷蔵庫などいつも目につくところに貼ってくる。

【トイレットペーパー】 1157

その国の文化、技術レベルがわかる。

【同期】 1158

本音を言える人です。一番身近な存在です。

【動機は不純が正しい】 1159

お金のために方針に従う。方針に従うことが、結果の正しさを追求することになる。結果を出すためにお客様目線になる。

【同業他社】 1160

同じマーケットにいるわが社の競争相手です。最重点地区・重点地区で競い合ったら、**ほかを捨てても競り勝つ。**他社の3倍訪問する。

【同行】 1161

①日頃の嘘の報告を見破るチャンス。②コミュニケーションがよくなる。③現場で仕事を教材とした指導ができる。

【洞察力】 1162

物事の変化の連続性の差を見ることです。物事の「自然か、不自然かを考える」ことです。損か得かで考えると、どうしても自分に都合よく解釈する。

【倒産(1)】 1163

和議申請して再建を目指せば、最も被害を少なく留められ、

社員も失業させないで済む。ところが、**倒産という体面**にこだわって無理をするから、本当に倒産する。債権者が社長に押し寄せ耐え切れなくなり、不幸な結果を迎えた人もいる。社員に債権者の取り立てはない。

【倒産(2)】 1164

P／L（損益計算書）：利益は社長と社員が力を合わせて出す。赤字でもつぶれない。B／S（貸借対照表）：資金運用は社長一人で変えられる。現金不足で会社がつぶれる。

【投資】 1165

小さな会社は一気に投入することがポイント。五月雨（さみだれ）式は効果がない。得意分野に的を絞り行う。効率の悪い店をやめ、**効率のよい店を出す。ある一定の売上に達すると、利益がドンと出る。**

【闘志】 1166

燃やしてはいけません。かえってマイナスです。仕事は先が長いものです。闘志は長く持続しないものです。

【どうしましょうか】 1167

幹部の責任逃れ。本当はこうしたい、ああしたいという気持ちは誰にでもある。本来の姿勢は「こうしたい」「ああしたい」。

【同情】 1168

人間として最も尊い感情ではあるが、相手と同様に悩んだり悲しんだりしてはいけない。積極的に励ましてあげることが大切です。

【度胸】 1169

キツイことをどんどんやると気が強くなり、恥ずかしいことをやるとものおじしなくなる。

【独裁者】 1170

自分に都合のよい情報しか入らない。自分の意のままになる人しか集めない。

【独自の】 1171

真似を長い間続けるとでき上がる。

【独自能力】 1172

「手帳型経営計画書」を道具として活用し、事業年度計画を柱に、事業部とチームの戦略や目的・方針等を未来対応型問題解決シートを使ってそれぞれの実行計画書に落とし込み、ＰＤＣＬＡサイクルを回すことによってボトムアップの企業文化・企業体質を強化する。

【読書】 1173

体験の補強です。限られた自分の体験・経験を掘り返し、熟成させるものです。ただし、体験したと錯覚しないように気をつける。

【独創性】 1174

誰も思いつかない新しい発想やオリジナリティに価値はない。目の前の当たり前のことをやるところに価値がある。希少価値がすべてではない。

【得点主義】 1175

なんの減点もない人よりも、**減点もあるがプラス点もある人を登用する**。失点が５点あっても、得点が10点あれば差

し引きプラス5点。得点がなければなんにもならない。

【年上の部下】 1176

配慮はする。仕事の遠慮はしなくて良い。

【歳だから】 1177

できない時の言い訳と予防線のために、「歳だから」と、ついロ グセになってしまうものです。人から言われればいい感じはしないのに、つい自分から言ってしまう。できないのは歳のせいではない。少なくとも還暦を過ぎるまでは言ってはいけない。死ぬまで言わないほうがさらによい。

【トータルサービス】 1178

理論的には正しいが、実現不可能です。1人の人間は、いつも1つの仕事しかできない。**やるには数人でサービスを分担する。**

【トップ】 1179

組織は、トップ1人で99%が決まる。

【トップダウン】 1180

社員教育をしない会社はトップダウン経営が正しい。

【トップの実力】 1181

体力です。どんなに実績のある人も、体力が落ちれば人心が離れる。

【トップの発言】 1182

汗と同じで、一度体から出てしまうと元に戻らない。取り消しにくい。

【留める】 1183

紙を画鋲で留める時は、四隅を。ホチキスの留め方は、ペ

ージの左上にななめに留める。

【共働き】 1184
従業員には長く働き続けてほしいが、子育てが大事であることを忘れない。

【友引】 1185
葬式のない日です。来賓の方を呼んで記念式典をするには、もってこいの日です。

【トラブル】 1186
当事者同士だと泥仕合になる。第三者を入れないと解決に時間がかかる。交渉は体力が勝負、そして根回しも。

【とりあえず】 1187
時間の先取りです。スケジュールなど、いつにしたらよいかわからない時には、そのままにしないで、**だいたいの予定日を決めることです。優秀な決め方の１つです。**

【トリプル営業同行】 1188
上司と部下だけでなく、その上の役職も現場に出て同行する。移動時間でコミュニケーションが良くなる。

【努力】 1189
素質を追い越すことのできるものです。

【努力文】 1190

ミスをしたときや日々の業務で努力が足りないときに書く文です。努力文4枚で反省文1枚、反省文2枚で始末書1枚にあたる。最大183日、最小1日で無効になる。

【トレーナー】 1191

教えることが仕事ではありません。教えたことを実行しているかを現場で全部チェックする人です。必ず教えなければならないのは、**わからないことはすぐに「先輩に聞け」**です。

【泥臭い】 1192

結局は成果が上がる一番の早道です。 足を使って体をお客様のところに運ぶことです。回数を積み重ね、手間暇をかけることが大切です。スマートに勉強会で教えるよりは、現場に同行させたほうがよい。

【鈍感】 1193

世の中は変わらないと思っている人です。 マイナス情報が入ってきても上司に報告しない人です。**自分たちのレベルで処理をしようとする。** 例：取引先の社長の入院

【どん底】 1194

最高に勉強できる時。どん底の時でも、天はすべてを奪いません。また有頂天の時も、すべてを与えてはくれません。どのような時でも、努力をすれば必ず道は見つかります。解決の答えは、お客様が教えてくれる。

【内勤者】 1195

営業も大変だが、事務（内勤者）はもっと大変です。営業

は外で気を抜くことができるが、事務はいつも誰かに見られているから、気を抜くことができない。営業の仕事が遅れれば、事務はもろにその影響を受ける。営業は決めたことを守らないで、事務が遅れた時ややりにくいことはどしどし言う。目に余る時は、社長に報告する。営業と協力して業務を進め、お客様サービスをすることが大切です。

【内定】 1196

内定をもらって、面倒だからと内定承諾書を出して就職活動をやめた人と、もっと良い会社をと思って5つ以上内定を持つ人では、入社してからの出世のスピードが違う。同じ能力ならば、早い意思決定ができる人が結果を出して出世する。

【内定者】 1197

会社の将来を担う重要な人物です。手塩にかけて育てる。甘やかしすぎない。猫かわいがりすると、入社してからわがままになる。現場とのギャップに苦しむのは内定者本人です。

【内部管理】 1198

経営に必要なものではあるが、それが事業活動ではない。総人員の5〜10%が適正です。

【なかなか変えられない】 1199

変えたいという気持ちはあるが、基本的には、**現状維持の決定です。**

【仲間】 1200

あなたの人格がわかります。同じような類いの者が集まる。

似かよった者同士のほうが安心できるし、ストレスや争い
が発生しにくいからです。

【内部費用】 1201

「攻め」と「守り」を明確に分けることが大切です。

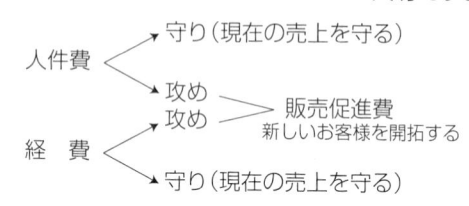

【情け】 1202

回数です。ひと月に1回、何時間も話をするより、1日1
回、時間を決めてコミュニケーションを取ることが大事で
す。

【何気ない一言】 1203

役職が上がるほど重い。

【生意気】 1204

自分を買いかぶっている、うぬぼれ屋さん。どこにも1人
や2人はいるものです。教育してもなおるものではない。
自分でつまずいて思い知るしかない。

【名前】 1205

差別化の大きな要因です。 独自性が出る。人（お客様）に
名前を覚えてもらうことからすべてが始まる。

【生データ】 1206

お客様から言われたことを集めたものです。

【七精神】 1207

武蔵野の基本です。創業者藤本寅雄が作成した。

七精神

一、脱皮の精神
　　一日一日生まれ変ろう
二、メイアイヘルプユーの精神
　　多角的にお役にたとう
三、ファミリーの精神
　　運命共同体でゆこう
四、喜びの取引の精神
　　利益はよろこばれた結果
五、変化対応の精神
　　お客様市場のニーズを知ろう
六、可能性追求の精神
　　とどまることは退歩である
七、人材育成の精神
　　後継者をそだてよう

【悩み】 1208

悩んでいるのは、自分だけではありません。 先輩も同じ経験をし、そしてそれを乗り越えてきたのです。3日たっても解決しないことは、何日たっても解決しない。同僚・友達に相談しても、なんの進歩もない。早期解決の早道は、上司に相談を持ちかける。プライベートの悩みは、仕事が手につかなくなる。時間ばかりかかり、手遅れになる。お金の悩みは社長しか解決できない。

【なんとかしよう】 1209

そう思えば、なんとかなるものです。そうならないのは計画がないのと、詰めが甘いからです。

【なんにもしない】 1210

体力は衰え、知恵も錆びついていく。失敗やミスをしないようにと、いつもビクビクしている人です。新しく入った**人にどんどん追い越されていく。**そうして自分の不遇を言いつのる。

【ナンバー・ツー】 1211

①身内は甘くなる。鬼のように厳しすぎるくらいがよい。

②**組織の実力はナンバー・ツーの実力に正比例する。**

【ナンバー・ワン】 1212

お客様はナンバー・ワンしか覚えない。日本一高い山は、二番目は？　世界一高い山は、二番目は？　日本一長い川は、二番目は？　一番は覚えているが、二番は覚えない。

【におい】 1213

何も言わなくてもわかるものです。同じ境遇に育った者同士は、なんとなく気が合うものです。安心です。

【苦手】 1214

やりにくい、イヤな対象を言います。これは、食わず嫌いです。偏った知識や技術、考えから発生します。解消の道は重点主義にあります。

【憎まれ役】 1215

自分も苦しいが、社員も苦しい。あとで向上して感謝される。人間を甘やかすことほど悪いことはない。自分の心の弱さを証明する。**仏の幹部の下に人は育たない。**

【逃げない】 1216

クレームが発生したら、まず**お客様にお詫び**をして、お客様との**距離を縮める。**接近戦にもち込む。**離れるのが一番悪い。**お客様は不安になっている。

【逃げる】 1217

一つずつ問題を解決して、一段階ずつレベルを上げていくことを楽しむ。逃げても問題はついてきます。**困難や問題**

は一生の友達です。

【ニコニコ】 1218

人は暗いところよりは、明るいところのほうが好きです。よいことがあったから笑うのではなく、笑うからよいことがあるのです。

【ニーズ】 1219

お客様の苦情や要望を取り入れると、売れる商品になる。お客様はいつも得か損か、安いか高いか、よいか悪いかを考え、プラス・マイナスで動く。しかも時間とともにスルスルと変化する。会社は常に、それに応えていかないと安定しない。

【二世】 1220

創業者よりも学歴・知識がある。**経営には経験・体験の蓄積が必要です。**経験のない人が、成り行きで会社を動かしたり、積極的な経営をするのは難しい。経営計画を作成し、これを羅針盤として経営することです。

【日用品】 1221

基本的には低価格で、大量に売る戦略が必要です。中小企業が参入してはいけない。高級品は参入してもよい。

【日本一】 1222

今すぐできることを実行しないで、日本一にはなれない。

【入社(1)】 1223

ゴールではなく、スタート地点です。募集をしたのは会社ですが、**この会社を最初に選んだのはあなたです。**そして、会社があなたを選んだのです。温かく迎えて、手塩にかけ

て手間をかけて育てる。

【入社(2)】 1224

入社は条件、退社は人間関係。

【入社前】 1225

相対評価されて入社をするが、入社後は独自の絶対評価に変わり、管理職になると相対評価に変わる。

【ニュース】 1226

例外事項のことです。

【2・6・2の原則】 1227

自分の意志で行動する	周りの行動を見て行動する	自分の意志で行動しない
20%	60%	20%

会社とか部門全体を動かすのに、ダメなところに人を入れても効果がない。自分の意志で行動するところに人を入れれば、周りの行動を見ている60%の人が、少しずつ**自分の意志で行動する**。行動しない20%の人だけ集めて別の組織をつくると、また2・6・2の原則になる。

【人気商品】 1228

混めば混むほど人気が沸騰してくる。**常に宣伝をして、供給を制限する。**

【人間】 1229

情の動物です。誰もそう変わらないものです。楽なほうを選ぶ動物です。**考えることは進歩的だが、やることは保守的です。**信じない人と、信じられない人と、信じたくない人がいる。

【人間関係】 1230

よくしようとしなくとも、決められたポジションを守って仕事をすれば、自然とよくなる。いい人間関係を保とうとするあまり、信賞必罰を厳格に行わないのはもってのほかです。

【人間性尊重】 1231

一人一人に責任をもってもらうことです。**ダメな上司ほどなんでも自分でやる。**

【人間的魅力】 1232

なんの欠点も弱みもない完璧な人には近寄りがたいものです。欠点、弱みが人間の魅力です。**弱いところ、ダメなところを見せると相手が心を開いてくる。**

【人間の差】 1233

苦労の差です。理不尽な量の差です。

【認知経路】 1234

商品が売れることよりも大切です。お客様が誰に聞いたか、何を見たかを知り、重点的に販売を強化する。ホームページからの問い合わせは、検索キーワードを聞く。

【抜き打ちチェック】 1235

効果がない。反感を買うだけです。事前に点検日を発表し

ておくのが正しい。たとえその日だけでもキチンとやれば
レベルが上がる。追及は人が育たない。

【ヌケ・オチ】 1236

防ぐには、仕事に人を付ける考えでないと無理です。マニュアル・チェックリストを活用する。

【ぬるい】 1237

部下のチェックをしない。

【値上げ】 1238

お客様は頭で理解しても、感情的にはすっきりしないので、現場の担当者は時間を十分に使い、「すみません」と何回も頭を下げてお詫びする。大口のお客様には事前に、理解不十分のお客様にはその都度、店長・部長が出向いてご説明差し上げる。

【猫に小判】 1239

この本のことです。持っているだけで実行しない人のことです。

【値下げ】 1240

すばやく対応する。そうしないと今のお客様を奪われてしまう。値上げは時間をかけてやる。

【値上げ交渉】 1241

①文書でする。②一律はダメ、一つずつやる。③窓口はダメ、相手の了解を受けて決定権のある人にたのむ。④どの会社も値上げを認められない。⑤値上げを認められないのはしかたがない。当社がつぶれてしまいます。死活問題です。⑥6ヵ月間は、現在の価格で納品します。その間に他

の所を捜してください。⑦情にほだされて、提案した価格より低い値段で再引受をしてはいけない。

商品名	単　価	新単価
A	150	165
B	200	220
C	180	198
D	250	275
E	100	110

一律10%UP

商品名	単　価	新単価
A	150	172
B	200	210
C	180	198
D	250	263
E	100	125

全体で10%UP

【熱意】 1242

上の熱意が下を変える。営業マンの熱意がお客様を変える。

【熱心】 1243

相手が根負けするまで、**訪問回数を重ねる。自分に根負けしないことです。**

【根抵当】 1244

経営が甘くなる。抵当権が正しい。１億円の根抵当権を付けて、5,000万円借りていて、会社の業績が悪ければ、追加の借り入れはできない。

１億円の土地を5,000万円ずつに分筆して5,000万円を借りるのが正しい。抵当権の付かない残りの5,000万円の土地があると、他の金融機関から借り入れができる。

【値引き】 1245

お客様から報酬を値引きされるのは、我々が正しいサービスを提供し、お客様の要求を満たし、不満を解消していないからです。原価40円、売価100円の商品を6％値引くとどうなるか。①通常売上（100）－原価（40）＝粗利益（60）。②値引き売上（94）－原価（40）＝粗利益（54）。**値引きした分（6）だけ、粗利益がなくなる。この場合、粗利益額の10%です。粗利益率の低い会社は注意する。**

通常売上 100	原価 40	原価 40	値引き
	粗利益 60	粗利益 54	売上 94

6円の損

【根回し】 1246

順番が最も重要です。 一番うるさい人からやっていかないと効果がなく、めちゃくちゃになる。

【年計】 1247

移動累計とも言う。1年間の売上高を1ヵ月ずつ移動して累計する。毎月、売上の年次決算をしている。**長期的な傾向をとらえると同時に、短期的見通しをたてるのに、経営になくてはならないものです。**

売価が変動する会社は数量でも作る。

前月累計売上＋当月売上－前年当月売上＝年計

3881＋342－321＝3902

売上年計表

単位：百万円

		46期		47期		48期	
		当月	年計	当月	年計	当月	年計
1 月		314	3,523	302	3,696		
2 月		292	3,531	351	3,755		
3 月		315	3,517	344	3,784		
4 月		297	3,504	294	3,781		
5 月		299	3,525	294	3,776		
6 月		299	3,502	314	3,791		
7 月		280	3,504	340	3,851		
8 月		320	3,525	325	3,856		
9 月		270	3,532	287	3,873		
10 月		296	3,593	304	3,881		
11 月		321	3,612	342	3,902		
12 月		405	3,708				

【年計グラフ】 1248

時系列に売上をプロットすることによって、目で傾向がわかるもの。**社長・幹部が手で書くのが正しい。**なだらかになったか、頂点か、底か、で対策が出てくる。

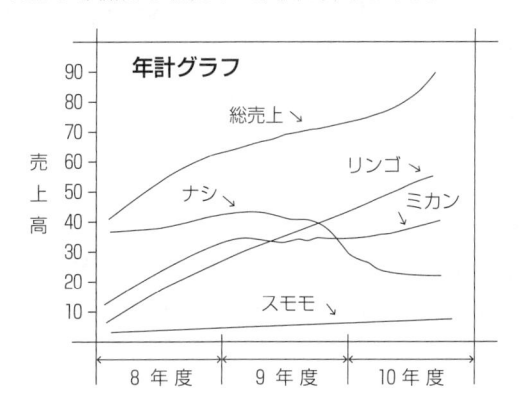

【ネーミング】 1249

名前と商品の狙いが一致すると、爆発的な力になる。サ行で始まる名前が受け入れられやすい。

【年功序列】 1250

若くて優秀な人が辞める。実際には能力のない人が地位につく。**地位に見合った成果を上げないで、**その地位ゆえ問題を起こすことにもなる。ある年代に達すると、一定のポジションを強く期待する。会社は仲よしクラブになってはいけない。ある時期までは、年齢と能力は比例しているので、ギャップが広がった時に能力主義にすればよい。

【年度計画】 1251

社長の時間の節約。毎年、会社も人も基本的に同じようなことをしている。なのに**1年間のスケジュールが立てられ**ないのは怠慢なだけです。

7.15	月	先負		祝日	用語	
7.16	火	仏滅		発表	お客様	部門長会議　銀行訪問（小金井）
7.17	水	大安		長期A	解約	
7.18	木	赤口	B	長期B	活力	お中元（AM 小金井支店）賞与支給日 (17:30-18:30)
7.19	金	先勝		経営A	狭く深く	
7.20	土	友引		社員A	業績	AM 全社員勉強会　PM 幹部勉強会　準社員懇親会 (17:30)
7.21	日	先負		休日		

【納期】 1252

短ければ短いほどよい。約束した日は必ず守る。やむをえない理由で遅れる時は上司に報告し、お客様に事前に相談する。

【ノウハウ】 1253

技術上の秘密です。**量をこなさないと蓄積ができない。**ちょっと見たくらいで盗（と）られるものは、ノウハウとは言わない。売るためのノウハウを得るには、売れている物を注意深く見ることです。売れている店や売っている人の行動を見る。

【納品】 1254

営業の残務時間です。正味は攻撃の時間です。

【能力】 1255

違いはあるが、優劣はない。得意、不得意はある。**与えられた場所で、与えられた仕事ができることです。**励まされ、認められることによって、花開く。

【能力差】 1256

繰り返し行う学習の量の差です。努力の量の差です。

【能力主義】 1257

昇進昇格制度の運用が決め手です。会社が計画どおりに発展してゆくためには、いま誰を抜擢するかが大切であり、能力主義の人材登用がもっとも重要です。選考基準は単純に過去の勤続、年功に対する褒賞であってはいけない。

【伸びる会社 伸びない会社】 1258

社長の方針を「イヤイヤながらやり続ける会社」と「結局やらない会社」の差は大きい。経営の差、売上や業績の差につながる。

【飲みニケーション】 1259

常日頃から従業員同士がコミュニケーションを通して、お

客様満足のために意欲をもって働く環境や場を設ける。 4週または月に1回行う。

①部門懇親会

仕事の場を離れて月1回部下の話を聴く場です。パート・アルバイトを含め全体のコミュニケーションを深める。懇親会の写真と領収書を経理に提出する。

②社長への質問会

社長と幹部との交流の場である。直接社長に仕事のことやプライベートのことまで質問ができる。

③社長との食事会

社長と従業員の交流の場である。幹事は課長の立候補制で、社長が決定する。幹事は全社員に告知をし、参加者を決定する。当日まで社長に参加者を伝えてはいけない。

④社長会

社長と役員、統括本部長、本部長の交流の場です。年に2回。幹事は持ち回りで行う。費用は社長のポケットマネー。

【ノロマ】 1260

マイペースの人です。

【はい(1)】 1261

わかったのではない。耳に声が入っただけです。

【はい(2)】 1262

「はい」は「拝」です。相手を拝む心、自分自身を拝む心です。「はい」と言ったことを行動に移すと、素直で謙虚になります。

【敗者】 1263

負けてから味方を探し始める。

【バイタリティ】 1264

規則とか制限が多くなるとなくなる。

【配置換え】 1265

仕事が変わったほうが早く育つ。その際、仕事の難易度のレベルを上げる。**「仕事が人を育てる」**からです。その目的は、①作業に変化を与え、職務に興味をもたせ、単調感をなくす。②前後作業との関連性をつかみ、作業の重要性を確認する。③仕事以外で自分を成長させることはできない。社員として多くの権利はあるが、イヤイヤでも実行する義務もある。

【生え抜き】 1266

無能な人を長にすると、古い考えや本家というような態度をふりかざし、有能な人間が去ってしまう。無能な人間は去らない。

【葉書】 1267

書く人は自分の都合に合わせて書き、受け取る人は自分の都合で読むことができる。**心を形にして伝える道具の１つです。**

【爆弾】 1268

社長から頂く葉書で、家族の会話を増やす効果がある。結果を出すと励ましの葉書が届く。

【博打】 1269

身を滅ぼす。本業（仕事）以外で利益を上げようとするか

らです。個人は小遣いの範囲でほどほどにやる。社長が金融商品に手を出すと必ず失敗する。プロでもなかなか儲からない。

【パクリ】 1270

成果が出ていることをそのまま真似ること。工夫はしない。

【パクリウォーカー】 1271

経営サポート会員企業を受け入れ自社を見ていただく。見られると改善が進む。

【迫力】 1272

説明しすぎるとなくなる。説明のしすぎはお説教になってしまい、聞くほうの気力が失せ、疲れる。

【馬券】 1273

点数を買いすぎると負ける。馬連4点が基本です。狭く深くが正しい。

【恥】 1274

無知なのに知ったかぶりをする。格好をつけると成長が遅れる。

【バージョンアップ】 1275

コミュニケーションがないところでは成立しない。新規コンテンツの追加、システム変更だけではバージョンアップしない。

進捗会議で小さな改善を毎月発表させ、それについてアドバイスをすると参加している管理職が真似をする。便利になった、楽になったなどの情報がないと、誰もアップデートされたものを使いたがらない。

【柱】 1276

経営を安定させるために5本必要です。1本倒れても20%減です。まだなんとか支えることができます。1本の柱では、どうにもなりません。

【バスウォッチング】 1277

年に一度、他の部門の改善を学び、横展開する仕組みです。全従業員が参加して、1日かけてバスで各部門をまわり、箇条書きのレポートを提出する。学びを見つけて一番簡単なことで1つ実行することを決め、報告する。

【働く】 1278

会社に出勤することではありません。粗利益額を上げることです。粗利益額を上げないで、ただ動き回っていると、コストが上がるだけです。

【×（バツ）】 1279

環境整備点検で、自分たちの気づきが足りないことを伝える。床にゴミが落ちているからバツではなく、落ちていることに気づけないからバツ。自分の行動を変える気づきが大切です。

【発見】 1280

気合が最高潮に達してきた時に多く現れるもので、自宅で1人で研究する時には不思議と出てこない。仕事という一種の回転の油が頭脳に注がれて初めて、一人前の思考が生き生きと生まれてくる。

【抜擢(1)】 1281

①部下を信頼して大役を任せる。「これだけはやってくれ」

「これだけはやります」。**若いことはためらう理由でなく、決める理由です。**抜擢されなかった先輩、同期の方は次の機会を待ってください。もっと大きなチャンスがあなたに来ます。**能力が発揮されなかったら、元に戻します。**新部門に行く時には、部下を連れていってはいけません。②抜擢は実力主義とし、年齢・実績にとらわれず登用する。

【抜擢(2)】 1282
昇給ポイントに関係なく昇格する。

【発展】 1283
①**バランスを崩す。**攻めに力を入れ、守りを手抜きする。次に守りに力を入れ、攻めを手抜きする。②現在のお客様から**繰り返し仕事を頂き、新しいお客様を開拓**して、初めて実現できる。

【派手】 1284
長続きしない。地味だと長続きする。

【話し方】 1285
話し上手は聞く人が知っていることを多く話す。知っていることが30％以上ないと聞いている人はつまらない。同じリズムでは、聞いている人が眠くなる。ねむけ防止は①白板を使用する（絵やポイントなどを書く）。②質問をする。③音を出す。④タイミングを計る。⑤呼吸を合わせる。⑥みんなで文章を読ませる。⑦専門用語を多用しない。⑧目線は後ろから前へＺに流す。

【離れる】 1286
自分の流儀を作り、指導者としての確立ができる。名打者

と言われた王・長嶋両選手も、最初は基本を忠実に守り、自分で工夫して教わったことを越え、師匠から離れた時は全く違う打法となり、やがて自分の流儀を開き、共に名打者として後世にその名を残す人となった。

先生	生徒
荒川 右打ち・2本足	王 左打ち・1本足
砂押 地味な内野手	長嶋 ハデなアクション

易しいゴロをむずかしくとる。ファインプレーに見せる。

【派閥】 1287
社長が絶対権力をもっていない会社になる。方針が2本立てになり、組織が混乱する。派閥を解消する道は**ただ1つ、対抗組織のトップを外に出す。**

【パーフェクト】 1288
努力のわりには成果が少ない。完全試合で勝っても、1点差でなんとか勝っても、チームから見ればどちらも1勝に変わりはない。

【早帰り】 1289
終わりの時間を決めて仕事をする。プライベートを充実させ、健康を保つための大事な取り組みです。

【腹が立つ】 1290

部下はなぜ上司が怒っているかわからない時もあるので、理由を話してあげる。

【パレートの法則】 1291

世の中の社会現象はすべて、少数（20%）の事柄が結果の大部分（80%）を左右し、大部分（80%）の事柄は、結果の小部分（20%）にのみ影響している。

【パレート分析】 1292

過去3年分の粗利益データから、①お客様別パレート、②商品別パレート、③お客様別商品別パレートを作成する。自社の数字データを知る上で最も大事なデータ。

【パワハラ】 1293

相手を思いやることが必要です。受けた人は忘れることができません。

【繁栄】 1294

高収益であることが、永続的繁栄の条件です。現在のお客様や商品を守り、**新たなお客様や商品を付け加えなければできない。**

現在	繁栄	
	新しいお客様	新商品
お客様 商品	お客様	商品

【反省】 1295

形にしないと伝わらない。

【反対】 1296

ＩＴ化・業務改革で賛成されたことは一度もない。反対の理由は、「知らないから」と「面倒だから」です。数ヵ月たって、「元に戻してください」の声はない。

【判断】 1297

期待が判断を狂わす。自分は冷静に、客観的に見ているつもりでも、振り返ってみると、甘い夢を見ていたにすぎない。損得が先にくると平常心が乱れる。

【判断基準】 1298

お客様が悪くても、自分が正しいと主張するのは控える。いくら正しくても、買っていただかなければ商売にならない。お客様に勝つことではなく、商売に結びつけることが正しい判断です。

【判断ミス】 1299

おごりによる。

【判断力】 1300

すぐに変更できることです。ＯＫ・保留・ＮＯの意思表示をする。

【販売】 1301

現在の収益を上げるもので、売上増が増収増益に結びつく早道です。

【販売促進】 1302

①お客様を見つける。②捕まえる。③離さない。３つの目的を明確に分けて実施する。

【販売促進費】 1303

お客様の数が増加することに使う。 使わないと叱られる経費です。**１年以内に成果に正比例する費用のことです。** 効果を数字で測ることができる。１年後、投資した金額以上の粗利益額が増加していればよい。地域を限定して、思い切った物量作戦を行うと効果がある。

【販売の形態】 1304

受注販売と、見込販売の２つしかない。

【販売の方法】 1305

①店頭、②訪問、③媒体、④配置、⑤展示の５つです。金をかけて手間をかける。

【販売網】 1306

自社で開発するしか道はない。

【反発】 1307

初めて上司になると、部下を管理しようとしたり、支配してしまう。自分の思うように動かないと、気が済まない人が多い。部下にしてみれば、変な人が自分の上にのっかって下らない命令を出しはじめたら、働く気など起こるものではない。

【パンフレット】 1308

お客様は持ち帰らないし、担当者は渡さない。 見ていただくには、一般家庭ならば領収書にホチキスをして渡すとか、会社ならば請求書の中に入れて送るとか、システムで解決しないとダメです。

【BIツール】 1309

データをグラフで見やすくしたもの。数字の羅列だけと棒グラフで推移が分かるものでは、雲泥の差がある。意思決定が早くなる。

【比較】 1310

人は何でもかんでも並べて比べたがる。**見比べてから選ぶ。**人でも物でも。何がしか、優越感を感じたがる。

【引き継ぎ(1)】 1311

適当にする。引き継ぎをする人の関心は新しい仕事にあり、引き継ぐほうはまだ聞いてもよくわからない。**人に仕事をつけるのでなく、仕事に人をつける。**仕事を常日頃から、ZOHOに入れさせる。**ZOHOのデータを引き継ぐ。**人任せだと仕事が不正確になる。

【引き継ぎ(2)】 1312

成績の悪い人からは行わない。成績の悪い人から引き継ぎをしても成績は上がらない。成績が上がっている人のやり方をそのまま真似る。

【引き抜き】 1313

各部門の2番手がよい。その上司は不満でしょうが、その人がいないと困るのですか？　その人がいないと仕事ができないのですか？　その人のほうが実力があるのですか？　3番手を2番手に育てる役目が回ってきたと思ってください。

【卑怯】 1314

逃げたり知らんぷりをする。教育はきれいごとだけでは済

みません。目を見て、真剣に立ち向かう。それができなければ、本当によくはならない。

【悲惨】 1315

社内ルールが明確にない会社があれこれやっても、結果にはつながらない。環境整備・経営計画発表会・銀行訪問、原理原則を学ばないとだめです。 素直に早く実行すると、着実にお客様接点が変わります。結果的に、お客様がライバルと相対評価してわが社を選んでくださる。

【ビジネス】 1316

天才はいらない。才覚よりも、**努力が認められる世界です。**訪問回数が認められる。

【ビジネスパートナー】 1317

取引業者ではなくビジネスパートナーです。わが社が成長できるのはビジネスパートナーの頑張りがあるからです。定期的に情報交換の場を設ける。

【非常識】 1318

新しいことです。業界の非常識を積み重ねないと、日本一とか世界一にはなれない。

【非常事態】 1319

直面した人にしかわからない事情が多い。**報告をほかの人に任せてはいけない。**他人は物事を軽く考えて行動する。

【引越し】 1320

物を捨てる、千載一遇のチャンスです。

【否定】 1321

何か問題が起きた時、楽だから逃げる。

【PDCLAサイクル】 1322

計画→実行→チェック→学び→行動を繰り返し行うことです。

【PQ】 1323

売上とPQは違う。売上単価（P）と数量（Q）に分かれる。売上アップでどちらに力を入れたら良いかがわかる。

【人】 1324

自分と同じだと思ってはいけない。

【人が育つ】 1325

仕事を任せる。上司ができないものでなく、できていることを下に渡してやる。そして、多くの体験や経験をさせる。

【人手不足】 1326

上司が部下を叱らなくなり、**すべてにわたって甘くなる。**

【人に聞く】 1327

聞いて損をすることは少しもない。人に聞く、人に教えてもらうことは恥ではない。**人が伸びるために、最も必要な条件です。**よく聞く人ほど進歩が早い。あやふやなまま処理する人は失敗が多い。人に教えを乞うことができる人は素直で、謙虚な人です。

【人の話】 1328

自分に都合のよいところをかいつまんで聞くものです。

【人を大切にする】 1329

部下全員のフルネームを書けますか？　書けないのは愛がない証拠です。親兄弟の名前を書けない人はいない。私は役職者50名はパートナーの名前まで言えます。個人情報の

記憶量は社内№1です。

【一人あたりの生産性】 1330

組織は放っておくと、自然と人数が増えて老化し、腐ってくる。それを防ぐものです。

生産性	項　　　目	前期	当期
	一人あたりの売上高	20百万円	21百万円
	一人あたりの粗利益	12百万円	13百万円
	一人あたりの経常利益	1百万円	1.5百万円
	労働分配率	53.2%	52.5%

【人を見る目】 1331

苦労を通してしか養われない。

【批判】 1332

するのは簡単です。ほめるほうが、相手にとっても、自分にとっても、それを見ている人にとっても、気持ちのよいものです。

【備忘価格】 1333

1年以上動かない不良在庫は、所轄税務署の指導を受けて、価格（粗利単価10円とか1本10円）をつけることができる。

【非凡】 1334

当たり前のことをコツコツコツコツ続けていくことです。

【暇がある】 1335

暇があると仕事をつくる社員がいる。そういう人が優秀だと誤解されているが、暇な時には何もしないほうがよい。余計な仕事をつくることが命取りになる。**上司に手があきましたとすぐ報告する人が優秀です。**

【評価】 1336
これだというモノサシはない。時間がたてば変わる。変わらないのは、１番とビリが入れ替わらないことだけです。**常に確認と軌道修正を行う。**

【評価期間】 1337
ポイントは「過去６ヵ月でどうであったか」。それ以前のことをいつまでも覚えていて、執念深く評価に加味したり論じてはいけない。仕事ぶりは過去形でしか評価できない。

【評価基準】 1338
直属上司の独断と偏見が一番正しい。完全な基準などできない。大切なのは、前もって基準を明確にすることです。**各項目ごとに行う。毎月の評価は５分で行う。時間をかけると情が出る。**

【評価事項】 1339
Ⓐ新しいことに挑戦して成功した。

Ⓑ新しいことに挑戦して失敗した。

Ⓒ今までのやり方で成功した。

Ⓓ今までのやり方で失敗した。

【評価シート】 1340
半期の評価を、①業績評価、②プロセス評価、③方針共有点、④環境整備点、⑤残業チェック、の５項目で点数を付けて行うものです。

【評価尺度】 1341
率でやるのは結果が出ない。５～０の尺度が良い。５・０の極端はダメ。０が続くとやる気がなくなる。尺度は甘す

ぎてはダメ、辛すぎるのはもっとダメ。

【評価項目】 ¹³⁴²

ファジーなことを数値化する。自己採点を行い、ふせんで
隠して上司に採点してもらい評価（数字）が違う部分のみ
面談を行う。点数は 5 〜 0 で採点する。項目を増やすと面
談が面倒になる。

プロセス評価

評価項目	自己 1月	上司 1月	自己 2月	上司 2月
1．仕事の責任を自覚し、常にお客様第一の姿勢で仕事を行ったか。	3	3	4	3
2．会社や上司の方針を十分に理解していたか。	4	4	4	4
3．仕事遂行上の工夫改善や能率向上に努めたか。	3	3	3	3
4．上司や同僚との仕事上の報告や連絡・相談は的確であったか。	4	4	4	3
5．幅広くレベルの高い仕事ができるよう能力の向上に努めたか。	3	3	3	3
6．実行計画（個人）を常に意識して仕事を行っているか。	3	3	3	3
プロセス評価素点合計	20	20	21	19

【病気】 ¹³⁴³

長くかかって病気になったら、治るにも時間がかかる。会
社も赤字体質に長くかかってなった。いらない部門を切り
捨てて、病気をすぐ直す。**黒字にする。**

【表敬訪問】 ¹³⁴⁴

特別な場合を除き、訪問先のトップとはアポイントをとら
ない。お客様がいなくても、いっこうに差し支えない。留
守の時は全員が置き名刺をする。面談したのと同じ効果が
ある。**わざわざ挨拶に来ただけでお客様は満足する。**

【標準化】 1345

決められたことを決められたとおりに同じスピードで実行する。人間は決まっていることは先にやり、決まっていないことはあとにする。だから標準化する。実施はマニュアルに沿って行う。修正をし続けることが大切です。

【表情】 1346

言葉よりもよく伝わる。

【評判】 1347

科学的データや分析、市場調査よりも、人々の口にのぼることのほうが正しいバロメータです。

【評論家】 1348

体験したことがないことに関して良い、悪いと言う人。成長しない。

【広く浅く】 1349

やることが増えて成果につながらない。

【便乗整理】 1350

不況の最終段階に、業績悪化、閉店撤退、人員整理等の新聞記事が紙面を賑わす。かねがねやりたかったことを、不況を口実にして実行する。こんな時は、義理を整理するまたとない機会です。不況は川を浄化する台風のような役割を果たす。

【敏速】 1351

見たら行け、聞いたら走れ、言われたら飛べ。

【ピンチ】 1352

何かを変えるチャンスです。よい時にはなかなか変えられ

ない。心が変わったら、どんなことでもチャンスになる。問題を解決するばかりでなく、飛躍のチャンスです。

【ピラミッド型組織】 1353

トップからボトムまで大事な情報が速く正確に伝わりにくい。歪んだり、正確性を欠いて伝わる。ボイスメール・電子メールで情報はブンチン型にして伝える。

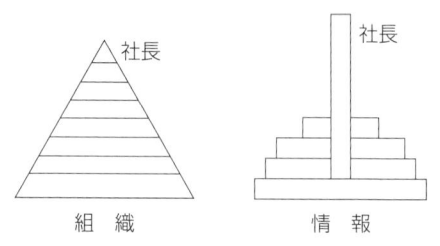

組　織　　　　　　　　情　報

【ファシリテーター】 1354

ファシリテーションを専門的に担当する人。ファシリテーター自身は集団活動に参加せず、中立的な立場から活動の支援を行う。会議では議事進行やセッティングなどを担当するが、会議中に自分の意見を述べたり自ら意思決定をすることはない。

【ファックス】 1355

一方通行で使用すると、価値が半減する。不在がちな人や忙しい人に連絡できる道具です。「明朝○時にお電話します」「明朝○時にお電話ください」とファックスすれば十中八九伝わります。

【不安】 1356

行動不足、情報不足が原因です。頭で考えていても何も解

決しない。

【不安定】 1357
悪いことではない。当然のサイクルです。

【フィードバックレポート】 1358
サービス終了後に、サービスの良し悪しや改善事項をまとめたもの。これをお客様にお渡しし、振り返りをする。

【風景】 1359
当たり前となっていて、誰も疑問を持たない。発展がない。ベンチマーキングをして気づくことが大切。

【部下】 1360
自分に都合の悪いことは言わない。上司のよいところは見ない。一生懸命やっているところを見せている。

【付加価値】 1361
商品にラブストーリーをつけることです。

【部下指導】 1362
①部下が上司の説明をわかっていると思ったら大間違いです。何もわかっていないので、部下目線で解説し続ける。できたらとにかくほめる。②マルコポーロの性格特性の高いところを定期的にほめる。③自分で考えるきっかけを多く与える。④できるまで継続的にやらせる。⑤部下の意見を全て否定しない。⑥上から目線で指導しない。⑦人前では叱らない。

【部下の望む上司】 1363
①嘘をつかない。②具体的に指示をする。③決断力がある。

【部下レコーダー】 1364

指導の記録を残し、部下の指導に活かすものです。

【普及率】 1365

10%を超えると拒絶反応が目に見えて減少する。

【不況】 1366

人材の差が出る。地域一番だけが有利です。大きな会社が小さなマーケットに参入してくる時です。これはあまり怖くない。マーケットを荒らして去っていきます。本業を大事にする。

【部下の面倒を見る】 1367

新人や後輩を**育てたことを高く評価する。**

育てた上司	自　分	0点	評価75点
	部下A	100点	
	部下B	100点	
	部下C	100点	

育てない上司	自　分	100点	評価25点
	部下A	0点	
	部下B	0点	
	部下C	0点	

【復習】 1368

聞くのが第一歩です。学習させることも重要だが、終了後の**フォローのほうが大切です。**

【復唱】 1369

指示されたことを別の表現で復唱させる。そうすると、正しく理解したかが上司にわかる。

【含み資産】 1370

なんと言っても、１番はお客様の数です。２番が社員教育、３番が土地と定期預金です。

【福利厚生】 1371

最高なのは年収が同業他社より高いことです。リゾートマンションを利用するのは最初の１年だけ。会社の支払いだけが毎年発生する。

【不幸】 1372

力がありながら実行しない人です。

【不正】 1373

長く担当させると不正をする。A社では、10年以上経理を担当していた社員が不正を行い、被害額は2.5億円にものぼった。経理は会社で発生した取引仕訳や試算の作成を行い、専門的な知識が必要だが、部署内で毎年定期的な担当替えとチェックの体制を整えるのがよい。

【部長】 1374

新たな稼ぎをつくる人です。課長は決められたことで成果を出す人。

【普通の人】 1375

学んで、わかって、実行しない人のことです。不通の人です。勉強しても人生は変わらない。勉強して、行動を変えることです。

【不満】 1376

社長にもあるから、社員にあるのは当然です。でも、不満を言い続けて大成した人はいない。

【不都合な情報】 1377

良いことはすぐに社長の耳に入ってくるが、イヤな話はなかなか入ってこない。良いことは放っておいてもかまわない。イヤな情報ほど早く社長に報告する。そうしないと手遅れになる。**報告すればペナルティはありません。**

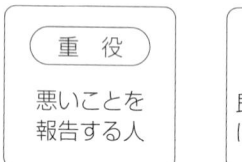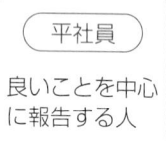

重　役	平社員
悪いことを報告する人	良いことを中心に報告する人

【不満足】 1378

過去を引きずっているからです。

【ブーム】 1379

扱っている商品から撤退するグッドタイミングの時です。

【部門間調整】 1380

社員数が少ない場合、異なる部門ごとに評価を確定するとAやC評価に偏るので、社長（役員）が相対評価した上で評価を確定する。

【プライド(1)】 1381

今まで生きてきて培った人生観です。 能力のない人ほど高いものです。恥をかくとつまらないプライドを捨てられる。

【プライド(2)】 1382

他人を真似することに抵抗を感じても、プライドや嫉妬は捨て、自分より優れた人の存在をチャンスと捉える。

【プラス発想】 1383

たいていのことは、良いほうに考える。

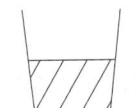

プラス発想：コップに半分も水が入っている

マイナス発想：コップに水が半分しか入っていない

【プラス評価】 1384

知っているだけでは理解したことにはならない。やってみて初めてわかる。行動しないで失敗しないより、行動を起こして失敗するほうを評価する。

【ブラックさん】 1385

21時を過ぎて仕事を続ける人。

【ブランド】 1386

組織的価値観。誰でも同じ説明ができる。

【振替休日】 1387

日曜日に仕事をしたら、平日に休日を振り替えて取る。健康管理のためにも、休日は決められた通りに休む。

【振り返り】 1388

仕事も勝負事も終了後、振り返りを行う。振り返りで、気づいたことを記録に残す。都度、これを繰り返すと精度の高い検討が可能になる。

【不良在庫】 1389

思い切って処分する。運転資金を圧迫し、金利増となり、倉庫料の支払いで経費アップになり、売れなくなり、廃棄

処分で利益がなくなり、結果、**皆さんの生活を貧しくする。**

【古株】 1390

今、あなたが良い思いができるのは、高い給料が頂けるのは、昔、まだ会社が若かった時、苦しかった時、今の会社の基礎を創ってくれた人がいたからです。**今はたいした仕事をしていなくても、昔はバリバリの現役だった。**常に、感謝の気持ちを忘れてはいけません。

【プロ】 1391

どんな場合でも**ミスをしない人**、普通の人のベストの状態になれる人です。お金をもらって商売をしている人は皆、素人ではありません。

【プログラム】 1392

業務を熟知している人が直接システムづくりに関与しなければ、使いものにならない。ベストの形がつくれない。よいプログラムとは、使いやすくて、登録・変更が簡単なものです。

【プロジェクト計画】 1393

タイムスケジュールを必ずつくる。**やり方よりも、いつまでにやり遂げるかがポイントです。**

【プロの考え方】 1394

①明確な目標がある（漠然）。②自分のシナリオを書く（他人が気になる）。③信じられる（不信が先にある）。④できる方法を考える（言い訳が先に出る）。⑤使命感で最後までやり抜く（途中で投げ出す）。⑥成功すべく努力する（失敗を恐れる）。⑦可能性に挑戦する（経験に生きる）。

⑧成長を求め続ける（現状に甘える）。⑨時間を有効利用する（行き当たりばったり）。⑩常に自己訓練に励む（気まぐれ）。⑪自己投資し続ける（享楽的資金優先）。⑫人に役立つ喜びを優先して行う（自己防衛的）。※（　）はアマチュアの考え方。

【分業】 1395

各人のやる仕事の種類が異なって、その各人が完全に自分の仕事をこなせば、全体として成果が上がる仕組み。これをチームワークと言う。チームワークはただ単に、仲よく仕事をすることではなく、全員がスペシャリストになって初めて実現するものです。

【文書】 1396

３行以上は読む気になりにくい。パンフレット等は、１つの文章を３行以下にする。

【粉飾決算】 1397

会社の損益状況や財政状態を実際よりよく見せようとして利益を過大に計上する会計行為。在庫の量を実在庫より多く計上するなど。やりたくなる気持ちはわかる。

【文書作成】 1398

考えてはいけない。思いついたことをそのままメモ書きにして、あとはそれをGeminiに読み込ませて提案書等を作成させる。

【分析】 1399

原因または事情を推定する。**分けて、並べて、比較する。**データの中の偏った部分を見つける。これ以外に手を打て

ない。部門別に、大きい順に。そうすれば、今までわからなかったことがわかってくる。

【平穏】 1400

それでも嵐はやってくる。どんな人生にも飛び越えなければならないハードルが必ず現れる。逃げても逃げてもハードルが現れる。

【平均】 1401

デコボコを消してしまう。わが社はどこが強いのか、弱いのかが見えなくなる。特性をなくしてしまう。地域格差などを無視してはダメです。

【ベテラン】 1402

新しいことに反対する。ベテランを長く置くと後継者が育たない。職責が高い人ほど、その弊害が大きい。ベテランが悪いのではない。長く同じ部署に置いておく社長が悪い。

【ペルソナ】 1403

組織がお役立ちしたい理想のお客様像を、絵で表現したものです。

【変化】 1404

変わることに不安をもつ人が多くいるが、本当は変わらないことが一番不安です。入社して給料が変わらなかったらどうですか。**本当は変わることが一番安全で、安心です。**ただ単に面倒くさいからアレルギーになっているだけです。

【弁解】 1405

お客様に御託を並べることです。ただひたすら**「申し訳ありません」**で通すことが大切。弁解するとかえって反感と

怒りを買うことになります。

【変革】 1406

組織を変えることです。人は組織に所属する以上、組織を存続させようとする。そのため不要な仕事をつくる。変革への一番の近道は、人を代えることです。その部門について知らない人のほうがよい。過去を知っていると、人間的なしがらみや情がからみ、変えることをためらう。

【勉強】 1407

あるレベルになるまでは、勉強嫌いが普通です。**教える人が一番勉強になる。**仕事を教材にしないと、ムードだけで、お金と時間の無駄づかいです。

【変更】 1408

新規の場合より余計に時間が必要です。強制的にやるシステムをつくらないとできません。

【返事】 1409

遅れると、相手は**自分に都合のいいほうに解釈する。**明るい返事をすると心が素直で謙虚になる。

【ベンチマーキング】 1410

他社様にお伺いし、アイデアをパクる。真似をすることです。簡単で成果が出ることを1つ行う。

【ボイスメール】 1411

事務の仕事でありながら、とても煩わしく生産性にまったく寄与しないのが連絡業務です。しかも正確に伝えるのが非常に難しく、お客様からのクレームの原因にもなってしまいます。ボイスメール（コンピュータの中に音声メッセ

ージをためておくボックス）は人を煩わせることなく、伝言を100パーセントそのまま相手に伝えることができます。24時間自分の都合で伝言を発したり、携帯電話・スマートフォンにEメールで呼び出しコールができます。

【冒険】 1412

飛躍ができる原動力です。小さな会社は1度や2度は冒険しないと大きくなれない。

【報告】 1413

上司に自分の手柄を認めさせることです。①問題点を一番に報告する。②数字で報告する。グラフをつけて（時系列で）。**数がわからないと、受け取り方によって状況が変わってしまう。**③同業他社の情報。④お客様にどのようにサービスするのか。以上4点でよい。

【報告が速い】 1414

現場から事実だけを連絡する。完全な内容で報告しようとしてはいけない。不完全でも、不完全とわかっていれば問題ない。**内容よりもスピードが重視される。**

【方針】 1415

国によって法律が違うように、会社によってルールが違います。

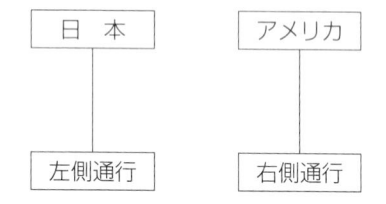

【報告書】 1416

遅れて提出すれば、**ただの紙切れです。**よい報告書とは、期日が守られたものです。報告書は論文ではない。判断材料であり、データです。

【方針書】 1417

経営計画書の魂です。社員の行動を縛るものではなく、仕事をやりやすくするものです。**社長の姿勢**が具体的に書いてある。失敗の体験をベースに書いてあります。書いてあるとおりに行動すると上手にできるが、いいとこどりしたり、反対のことをすると失敗する。書いてあることはやさしいので、その気になれば誰でも実行できます。

【訪問】 1418

「あなたの会社に仕事をお願いするよ」と言われるように活動することです。自分の存在を相手に伝える。訪問した痕跡を残さなければ意味がない。

【訪問回数】 1419

お客様のところへ行った回数です。訪問件数よりも大切です。営業の戦力は商品ではない。訪問回数こそ、お客様の要望を引き出し、同業他社を圧倒する戦力であり、弾丸です。同業者と競合した時、結果は訪問回数の2乗に比例する。2回対3回の結果は、4対9となる。

【訪問活動】 1420

どこを訪問するかよりも、**誰に会ってきたかが大切です。**決定権のある人に会う。

セールスマンに計画させてはいけない。部門のトップが作成して、実行させ、チェックする。

【訪問回数の法則】 1422

①**売上は訪問回数に比例し、利益は情報の質に比例する。**②狙い撃ちは成果が低い。③販売は確率です。④絶対訪問回数を確保しないと、売上は上がらない。6回までの訪問は、やったうちに入らない。回数を確保できない理由は、移動時間が多いからです。移動時間の限界は、働く時間の40％です。⑤売上は過去2年間の訪問回数に比例する。⑥同業他社との戦いでは、相手の3倍の訪問回数を重ねることで必ず勝てる。⑦やる気のある時は回数を稼ぎ、気乗りしない時は件数を上げる。

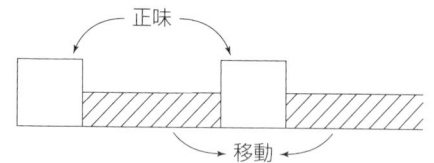

小さなテリトリーで仕事をしないと、移動時間が多くなる。

【訪問件数】 1423

お客様のところに行った件数。大切なのは訪問回数です。回りきれない時は、訪問回数は減らさないで訪問件数を減らす。

【訪問販売】 1424

レンタルシステム、商品の機能を売っているのではない。人間関係を販売している。「あの人が来てくれるから」。**訪**

問をやめると、お客様との人間関係も同時に断たれてしまう。人間関係のないところに、本当の意味の販売はない。攻め＝訪問販売。待ち＝店舗販売。

【ほうれんそう】 1425
仕事を進めるのに重要な３大要素、**報告・連絡・相談**です。仕事に慣れると、**報告が最もおろそかになる**。

【補助】 1426
人間性をダメにする。抵抗力がなくなります。

【ポスター】 1427
掲示されているだけで更新もなく、アクションも変わらない掲示物。数字を入れるとプロセスになる。

【ほどほど】 1428
人から受ける名誉とか名声は身を持ち崩すもととなる。変な自意識が生まれ、妙なストレスがたまる。

【ボトムアップ】 1429
社員教育が進んだ組織でないとうまくいかない。現場で起こっていることや「お客様の声」などの情報を下から上に上げる。トップの意思決定に必要不可欠な情報を伝達する仕組み。

【ほめ方】 1430
ほめられたことが少ない上司は、どのようにほめたら良いかがわからない。営業のやり方や商品の知識などを教える指導だけでは、人は頑張らない。目標統合や成長対話が必要です。モチベーションの上がる指導の仕方を教えていかないとだめです。

【ほめる】 1431

人を元気にさせます。①成果を上げた時。②目標を達成した時。③順調に仕事が進んでいる時。④失敗を自ら反省した時。⑤問題を発見した時。⑥進んで協力した時。⑦新しい提案がなされた時。

【ボロ会社】 1432

管理する人間が増加する。

【ホワイトさん】 1433

定時に退社する人。

【本気】 1434

塩辛い汗、冷や汗、脂汗、恥をいとわずかくことです。

【ボンクラ】 1435

自分の力を過大評価して、他人を過小評価する人です。

【凡人】 1436

欠点だけあって長所のない人のことを言う。長所があれば非凡と言う。他人のよいところは学ばず、悪いところばかり学び身につける人を言う。

【本当のこと】 1437

利害関係がない時に言う。怒ると言う。クレームなどは、真剣に話を聞かせていただく。

【本音】 1438

１対１で何回か会っていると、お互いにやっと本音が出る。自分の領域にいる時に出る。

【マイナス】 1439

楽な仕事をすることです。成長するには、鍛える期間が必

要で、それが力を養う源になる。**若い時は、仕事の時間が
長いほうが成長が速い。**

【マイページ】 1440

お客様ごとの情報を蓄積するためのツール。お客様情報を
記録し、共有できる。お客様の情報は個人で持たない。以
前クレームを起こしたお客様には、他の担当がお伺いした
時にも「先日は大変申し訳ございませんでした」と頭を下
げることで信用が得られる。

【マイページPlusのタグ付け】 1441

マイページPlusでは、お客様からの声を登録する際に、
定性データとして「滞在時間」「ニーズ」「問合せ」「改善
要望」「契約」「おほめの声」などをタグとして選ぶことが
できる。このタグ付けが、後の分析の際のポイントになる。

【マイペース】 1442

暇に任せてダラダラとしているだけです。私的なことはマ
イペースでかまいませんが、仕事はそういうわけにはいき
ません。意見が食い違った時に、マイペースは間違いです。
時には全体のペースに合わせる意欲や努力も必要です。マ
イウェイという人は、辞めざるをえないでしょう。

【前置き】 1443

聞いている人が実際に知らないことでも、知っているかの
ように錯覚させる危険な表現です。「もう、ご存じだと思
いますが」。トップほど会社のことを知らない。

【前向きに検討】 1444

何もしないことです。

【任せる】 1445

好き勝手にやってよいということではない。方針書に基づいて実施を任せています。**チェックは必ず受ける**（チェックをされるのではない）。

【増分利益】 1446

売上高の増減による営業利益の増減は、**増分売上から生ずる増分粗利益と同額です**。増分売上に伴って増分費用が発生する場合は、増分粗利益から増分費用を差し引いた額だけ営業利益が増加します。

	売上	増分売上	合計
売　　上	100	50	150
仕　　入	50	30	80
粗 利 益	50	20	70
人 件 費	30	0	30
経　　費	10	2	12
営業利益	10	18	28

【負け】 1447

感情が先に立っているからです。企業には許されない。攻撃目標と競争目標は場面ごとに決める。

【マーケット】 1448

自社の都合を待ってくれない。マーケット（市場）には、お客様とライバルとわが社しか存在しない。ライバル会社とお客様の奪い合いをする。

【真面目】 1449

単に視野が狭いことです。人にだまされやすい。

【待ち合わせ】 1450

お互いに先入観があり、あまりよく聞かないで約束をする

から、日時・場所を間違えやすい。お店（会社）の電話番号を教えておくとなんとかなる。駅での待ち合わせは改札口（何ヵ所もある）でなく、ホームがよい。3番線ホームの前から3両目、前から3つ目のドアとする。ここで待ち合わせて会えなかった人は過去にいません。

【間違い】 ¹⁴⁵¹

人は盲点や死角があるから、間違えてもよい。大切なのは、それを肥やしにすることです。勘違いをしてはいけないのは、**失敗したことが悪いのではなく、失敗したことを正確に上司に報告しないことが悪いということです。**

【的はずれ】 ¹⁴⁵²

人は信用してもよいが、仕事を信用してはいけない。社長が現場の仕事をしたから大丈夫でなく、社長が現場の仕事をしたから一番危ない。ポイント、急所がずれている。**現場に強い社長は、社員を社長にして、自分は社員になればよい。**

【学ぶ】 ¹⁴⁵³

「真似ぶ」です。自分よりちょっと上の人の真似をする。レベルが違いすぎると身につかない。

【間に合わせる】 ¹⁴⁵⁴

完璧を求めて期日に遅れるのと、98%の状態で期日に納品するのとでは、相手の信用が違う。ポイントは、いらないものを捨てて時間をかせぐことです。

【マニュアル】 ¹⁴⁵⁵

1人の体験をみんなで分かち合うことができる。**立派なも**

のをつくらない。最低基準が示してある。日常の繰り返し仕事を書く。①してはならないこと。②しなければならないこと。③仕事の順序。

【真似】 1456

最高の創造です。

【マネジメント】 1457

実践の知識です。経済的成果を上げる考え方と行動です。

自分の意思で部下を動かして、成果を出す。成果の出ない人使いはマネジメントとは言わない。

①現場で指導する。人の管理でなく仕事の管理です。

②社長の意図を実現する人なので、経営方針の実行に必要な権限を与える。

③部下との毎月の評価面談を、評価シートを利用し行う。

④数字が人格です。部門の数字と部下の数字を変える人です。

【守り】 1458

隙ができるとともに、革新的（積極的）な発想も生まれず、また集団としての目指すべき目標にバラツキが出る。

【マルコポーロ】 1459

受検者の深層心理を可視化できる適性検査ツールです。一人一人の特性が測定でき、自社の職務や組織風土とマッチングを測れる。自社に合った優秀人財の採用や、適材適所の配置が可能です。その人の得意・不得意を見極め、輝き方を発見できます。

①性格特性は高いところをほめる

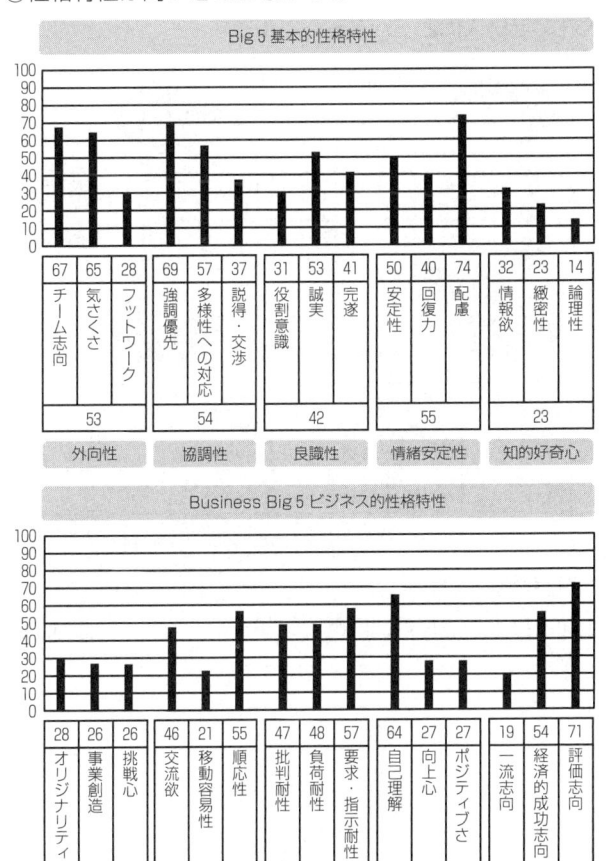

Big 5 基本的性格特性

外向性			協調性			良識性			情緒安定性			知的好奇心		
チーム志向	気さくさ	フットワーク	強調優先	多様性への対応	説得・交渉	役割意識	誠実	完遂	安定性	回復力	配慮	情報欲	緻密性	論理性
67	65	28	69	57	37	31	53	41	50	40	74	32	23	14
53			54			42			55			23		

Business Big 5 ビジネス的性格特性

変革・創造			異文化適応			ストレス適応			自己実現			社会的成功		
オリジナリティ	事業創造	挑戦心	交流欲	移動容易性	順応性	批判耐性	負荷耐性	要求・指示耐性	自己理解	向上心	ポジティブさ	一流志向	経済的成功志向	評価志向
28	26	26	46	21	55	47	48	57	64	27	27	19	54	71
27			41			51			39			48		

②コミュニケーションスタイルを知る

現在の若い人は2/3がエミアブルです。

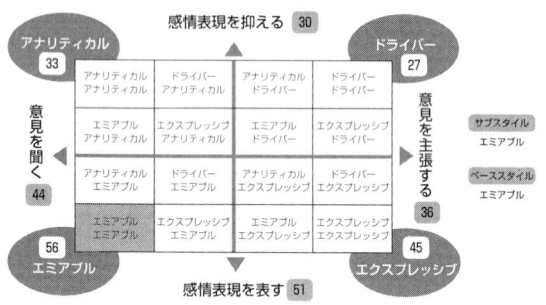

ドライバー (行動派)	独立心・競争心が強い。イエス・ノーが明確。効率・成果にこだわる。ポイントを絞って即断即決。大筋をつかんでテキパキ進める。論理やデータを重視する。
アナリティカル (思考派)	控えめ。イエス・ノーを即答しない。粘り強い。慎重に検討し、最善解を出す。速さよりも質の高さを求める。形式や論理を重視する。
エクスプレッシブ (感覚派)	明るく、躍動的。イエス・ノーを忌憚なく表現。表現が豊かで話し好き。直感で即断即決。周囲から認められたがる。一体感を重視する。
エミアブル (協調派)	親しみやすく、協力的。イエス・ノーを一存で決めない。縁の下の力持ち。皆の意見を取り入れる。周囲に配慮しながら進める人。人間関係を重視する。

③最適役割

上司と部下の点が近いほど成果が出る。ストレスがない。

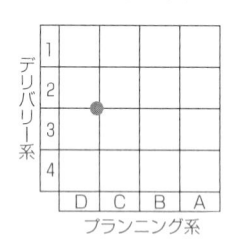

④仕事のモチベーション

※《達成動機（86）＋権力動機（78）》 －《親和動機

（69）＋回避動機（25）》＝70　プラスの数字をアクセル型、マイナスの数字をブレーキ型と言う。

1. 達成動機	達成・成功に向けて努力する動機。偶然や他人に結果を任せるよりも、自分の責任でやってみたい。	86	
2. 権力動機	権力を行使してコントロールしたい動機。競争状況を好み、信望を得たり、他人に影響力を行使したい。	78	
3. 親和動機	競争的な状況よりもコミュニケーションを大切にし、相互理解をベースに気持ちよく働きたい動機。	69	
4. 回避動機	安心・安全を求め、失敗、挫折、困難な状況を回避しようとする動機。	25	

【守ろう】 1460

ライバル会社に攻められたら、すぐにお客様を訪問して、**「どのようにしたらよいでしょうか」** と聞くのが最高の解決策です。

【迷い】 1461

勝負における敗因の99%は自滅です。迷うと、間に合わなくなる。時が来るまで我慢する。

【満足】 1462

長続きしない。 成功とか幸せは他人からの評価にすぎず、時間がたつと、人は欲深いもので常に上を追い求めてしまう。

【マンツーマン】 1463

①実務の場での新人教育は先輩、または上司がマンツーマンで行う。最初の１週間は、**してはいけないこと**を教えながら、常に２m以上離れず、**やってみせる。** ②２週間目は２m以上離れず、基礎知識をわかるまで教えながら、**新人にやらせてみる。** ③３週間目からは１人でやらせ、心配がなくなるまで**時々チェック**する。

【万引き】 1464

魅力的な商品がある証明です。一部の心ないお客様への対応はまた別です。

【身内】 1465

評価は低い。何事においても一番大変。身内のことや、身内から言われたことが、一番頭にくる。血の繋がりがあるから、戦いに勝つには、身内を固めることです。

【見える化】 1466

行動を変えるために可視化する。仕事を整理・整頓する。業務プロセスの可視化で意識、行動、数字が変わる。

【磨く】 1467

同じところを繰り返さないと光らない。サッときれいにするのではなく、今日はここだけという部分を決めて行う。買った時、できた時と、同じ状態を保つ。

【見切り発車】 1468

やさしいところから始める。１つでも２つでもできるところから手をつける。態勢が整った時、状態が変わっている。世の中の変化に乗り遅れてはいけない。動きながら考え、考えながら動く。

【見方】 1469

立場が変われば、考えも変わる。陸にいて、観光船で島巡りの観光コースを作っても、良い観光コースはできない。船から島を見るのと、島から船を見るのでは、景色が違うからです。上司と部下の関係も同じです。

（　立場によって絵が変わる　）

【見込み違い】 1470

大丈夫だろうという安心感から実績不足が起きる。 対策①
隠れた危険を読む。②計画時に最低５％の余裕をつくる
（雨の日もあれば、病気で休む日もあります）。

月	火	水	木	金	土
予	予	予	予	アキ	予
定	定	定	定		定

金曜日をクッションにする

【ミス⑴】 1471

部下のミスは上司のミスです。自分のミスと思い善処する。

【ミス⑵】 1472

隠せば成長できない。表に出す。**みんなの勉強材料にする。**
部下・外注先に不良、クレームなどがある時は、**必ず連絡
をして、すぐに直させる。** 上司（自分たち）が直してはい
けない。**部下・外注先がミスに気づかない。**

【水商売】 1473

大きく儲かる時もあるが、大損をする時もある。ムラがあ
りすぎる商売のことを言う。システムを考えて、**安定** （14
ページ参照）させれば、儲かる商売になる。

【ミスマッチ】 1474

採用に必要な道具を使わないで採用して、配属するからです。長さを測るのはメジャー、重さはハカリと道具を使用するから誰でも同じ結果が得られる。能力を測る道具は、ミルメ・エナジャイザー。個々人の組織における活躍可能性はマルコポーロ。ネット上での不適切な投稿発見はネット探偵。

「科学的なツール」を費用と労力をかけて分析・可視化し、採用、適正配置を行い、退職防止に活用しています。

【見せる化】 1475

自己満足にすぎない。ただの風景です。意識、行動、数字が変わらない。

【未然防止】 1476

体験がないとできない。問題が起きてから改善するのが正しい。

【身だしなみ】 1477

清潔が第一です。

【道を教える】 1478

遠回りでもいいからわかりやすく説明する。右・左・右ではなく、全部右回り、左回りで教える。行きすぎても目的地とあまりはなれていないからです。**わかりやすいのが一番親切です。近道を教えてはいけない。仕事も同じように教える。**

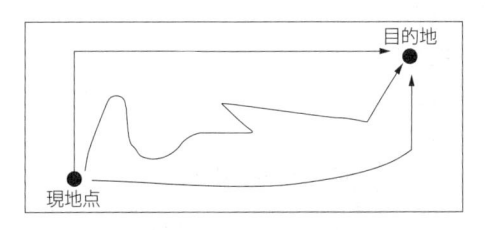

現地点　目的地

【ミッション・ビジョン・バリュー】 1479

ミッションは企業の存在価値や使命を言語化したもの。ビジョンはミッションを達成するために実現すべき目標や目指すべき姿。バリューはミッション・ビジョンを実現するために必要な、具体的な行動指針や社員のあるべき姿です。

【見積書】 1480

お客様は安い会社に発注する。この壁を破るには、お客様にヒアリングをし、お客様の都合に合わせ新たな提案をすることです。

【見通し】 1481

部下にできないこと、できていないことを報告させる。それも早いうちに。**遅れると手遅れになる。**良い結果はあとでよい。

【身につく】 1482

勉強したことを体で実行した時です。頭で覚えていることは、とっさの時に思い浮かばない。

【見抜く】 1483

部下は3日あれば、上司の能力がわかる。下から見ると、上がよくわかる。上司が部下を見抜くには1年かかる。

上からは視界ゼロ。

【認められない】 ₁₄₈₄

自分が間違った方向の努力をしているからです。世の中のせいではない。

【見栄え】 ₁₄₈₅

同じことでも手順が違うと、お客様の評価は変わる。６万円の仕事を、２人で３時間するのと３人で２時間するのでは、内容は同じでも３人のほうが出来栄えがよく見え、お客様はより納得する。

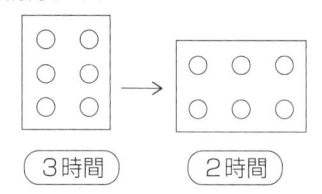

【見本】 ₁₄₈₆

なんといっても**現物が最高**です。

【未来】 ₁₄₈₇

先のことを心配している人には未来はない。今のことを一生懸命やっている人にしか良い未来は来ない。

【魅力】 1488

持って生まれたものではありません。 ほかとひと味違った価値観、行動様式をもつことです。魅力には、つくり上げるという動的なイメージがあります。会社の魅力は２つあります。１つは商品で、もう１つは人です。どちらが欠けても、会社には魅力が感じられません。

【無関心】 1489

愛がないことです。 口に出したり、行動に表さないと、気持ちが伝わりません。

【見る】 1490

目で見てはいけない。足を使って、現場に行って、**手でさわったり、動かしたりして見ないと、** 本当のことが見られない。現場は、困ることは嘘をついたり、隠しておく。

手でとる

布

目でなく手で見る

耳でなく口で見る

電話でなく現場で体で見る

【武蔵野人持ち物セット】 1491

方針書・用語解説・名札・iPad・iPhone。

【武蔵野の創業】 1492

武蔵野の創業者は藤本寅雄です。もともと学校の先生で、病気で肺の片方を切除したために教職を辞し、昭和31年5月、武蔵野市西久保に「ふじ薬局」を開業。これが武蔵野の原点です。東京都におけるダスキンの第一号加盟店です。薬局の2階で加盟契約をして、領収書がなかったので鈴木社長が名刺の裏に10万円の領収書を書きました。

【無視】 1493

関心を持たないことです。

【無借金】 1494

無手形は正しいが、無借金は間違いです。 5年間で売上を倍増する会社は、**借り増しが基本です。** 可能性のキャパシティを広げることが大切です。なぜ金利を支払って借りるかというと、将来のためです。今使わなくても、将来使うために借り入れ枠を広げる。

無借金にするとベンチャー精神が失われ、社内の活力が急速に失われていく。

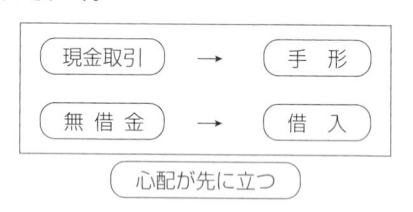

【難しい】 1495

「気乗りがしない」・「やりたくない」です。

【無責任】 1496

報告上手の人です。 責任の範囲を明確に文書化すると起きる。自分（自分の部門）の責任として決められていないことは責任をもたない行動になる。

【無駄づかい】 1497

やめると新しい収入源を得たのと同じ効果がある。数年赤字の新規事業とかプロジェクトを中止するのも同じです。

【夢中】 1498

手を抜かないことです。 小学校3年生以下の遊びと同じです。

【無理】 1499

今と同じ考え方、今と同じやり方、今と同じ人でやろうとするからです。

【無料】 1500

お客様に満足していただけないサービスです。

【明確】 1501

できることとできないことがハッキリしていることです。

【名刺】 1502

ふんだんに使う。機会があるごとに何回も渡す。お客様に名刺の貯金をする。相手の方が不在の時は目的の言葉を添えて、置き名刺をする。**電話番号は大きく刷る。**

【名社長】 1503

人格者です。 人格者は必ずしも名社長ではない。

【名人】 1504

腕も良いが道具も良い。良い道具を持たないと腕も上がら

ない。腕が良い人は寿司職人の鉄火シャツや工場のユニホームを汚さない。

【明文化】 1505

口頭で言うと反発されたり、無視されがちなことも、文書化されたものには従順になる。

【名簿】 1506

常にメンテナンスをしないものはゴミと同じです。業績を上げるための命です。どのようなつくり方にするかで、業績が変わってきます。

【名誉職】 1507

社長に就任して、３年以内にやってはいけない。業績が落ちる。やむを得ず受ける時は、会の事業は前任者並みにする。特に新しいことをしてはいけない。どうしてもやりたい時は、自分が会長になって引き受ける。

【命令】 1508

指示するだけでなく、期限やポイントをきちんと伝える。**命令なくして報告なし。**

命　令 ＋ 数　字

いつまで、どのくらい、何人で

【メインバンク】 1509

銀行は５行くらいと付き合うほうがよい。１つの銀行だけに絞ると苦労する。５行だと金利の比較も可能だし、資金調達も使い分けができる。銀行と仲よくしない社長は失格です。長期事業計画を作成し、経営計画発表会を行い、銀

行に説明すると銀行の協力が得られる。

【めくる】 1510

ライバル会社からお客様を奪うことです。

【目先】 1511

体験がないと見えない。計画がないと見えない。

【目立つ】 1512

評価される。①上司から認められる。②出世の原点。③注目される。

【目玉】 1513

3つ必要です。4つは多すぎて焦点がボケる。多い時は4つ目以降のものを捨てる。2つの時は無理やりもう1つつくる。

【メモ】 1514

伸びる人の条件は、メモをとること。メモをとって確実に処理し、対処する。それによって状況は改善されます。顔を合わせたら思い出すというのは、仕事をしていることになりません。

【メモリー】 1515

人間の記憶ほどアテにならないものはありません。聞いたことは20分後には42%忘れ、1日で74%忘れます（エビングハウスの忘却曲線）。自信がなければ必ずメモをとる。

【面接】 1516

相手の知っていることを中心に質問をする。住所を聞く（本当に住んでいるかわかる）。履歴書は左側を中心に。右側の志望動機、趣味などは、軽く。まず、安心させる。長

くなればなるほど、大変だと感じる。**こちらは親切でも、受けるほうの感じ方は違います**（15分以内で切り上げるのがよい）。最後はハッキリと採用します、しませんを告げる。面接に来た人が知りたいのは、①採否、②給料（募集記事と本当に同じか）、③勤務時間です。

【面談】 1517

上司部下で、評価シートを使って毎月1回5分で行う。情を入れない。自己評価と上司評価のギャップを確認する。

【メンテナンス】 1518

①お客様に言われてから行っても効果は薄いし、喜ばれない。②前向きなメンテナンスは**攻め**です。回数で他を圧倒する。③担当者を決め、ルートを組んで、**定期的にわざわざ訪問する。**

【面倒】 1519

やれば自分のためになる。

【面倒くさい】 1520

3回面倒くさいことをやると、面倒くさくなくなる。

【目的】 1521

何のために、誰のために、を明確にすることが大切です。

【目標】 1522

目標は「そのとおりにいかない」から必要です。目標と実績との差の意味するものを読み取って、誤りのない自社（あなた）の方向を見つけだすのが重要です。

【モチベーション】 1523

誰しも一生懸命、楽しく働く気持ちはもっている。その気

持ちが仕事の場で、どれだけうまく生かされるかで違ってくる。上司は部下が気に入らなかったら代えられるが、部下は上司を代えられない。**部下は、一生のうち何年かは気に入らない上司の下で働くことになるから、よほど上司が配慮しなければいけない。**

【もったいない】 1524

会社では一番の罪悪です。家庭生活では一番の美徳です。買って使わないのはもっともったいない。

【もっとよい方法】 1525

ありません。考えると、着手が遅れる。今、出されている方針を実行して、現場で起きる問題をクリアして、それから次にあるものです。やる前に**次のことを考えない。**

【物事】 1526

コインの裏表と同じで、二面性がある。表面ではわからない事情が必ずあることを意識し、その本当の部分を知る努力をする。

【モンスター社員・モンスターパート等】 1527

その仕事は自分にしかできないと思っている人です。回避の方法は、スキル手当を導入して多くの仕事ができる人を優遇すること。定期的な仕事の担当替えです。

【問題(1)】 1528

①各自で内容が違うが、その人にしか解けないものばかりが発生する。②**起きるのが当然と考えてください。**むしろ問題が起きないのが不思議です。飛躍のチャンスがやってきたのです。

【問題⑵】 1529

6ヵ月前のことよりも、昨日の大きな問題のほうがはるかに解決しやすい。1つ解決すると、3つまた新しい課題が見えてくる。

【問題意識】 1530

研究心をもち、いつも何かに疑問をもつことです。**人生は一生勉強です。これで良い、はないです。**

【問題解決】 1531

隠すのではなく、**事を大きくしないと解決に向かわない。**業績を上げるために、手を打つ。「物事」を正常化することでは解決できない。**どのような解決策を選ぶかでなく、どういう結果にするかが大切です。**想定される結果と現実のギャップをチェックする。

【やさしさ】 1532

人の痛みと悲しみを感じる心です。相手の立場になって考えてあげることです。

【矢印】 1533

自分に向けると捉えられる。範囲が変わってくる。いつでも、今から、ここから、自分から、が基本です。

【野心】 1534

身分不相応な大きな望みをもつことです。社員の共感を得なければ達成できない。

【安い】 1535

値引きをすることではありません。お客様から見て、これだけのサービス、物ならば安いことであって、わが社から

見れば、**これで十分儲かる値段です。**

【安請け合い】 1536

よく事情も考えないで、気安く受けて、あとで苦しむのは自分です。約束したことを果たそうと四苦八苦することになる。それでも約束を果たせればよいが、往々にしてできないことが多い。**その結果、苦しんだあげく相手の信頼まで失ってしまう。** 5つのことがあったら、3つを断り、一番難しいのを上司に渡し、一番やさしいのを自分でやることです。

【やってはいけないこと】 1537

やって良いことよりも、やってはいけないことの方が明確です。新人には環境整備とやってはいけないことを一番最初に教える。

【やってみせる】 1538

やっているところを見せる。やってあげてはダメ。

【やな奴】 1539

どこに行ってもいます。自分の心が変わらないと、いつまでもいます。

【破る】 1540

基本を守った人のみが達する道程です。 基本を守らずに破る人はただの無鉄砲であり、度胸や判断力があるのではありません。

【やりがい】 1541

自分の希望をかなえられ、**お客様に感謝される仕事です。** お客様に満足感をもっていただいたり、お礼を言われる職

場です。

【やり直し】 1542

時間の無駄づかいです。失敗の原因の大半は、指示・命令をよく理解していないからです。大切なのは①メモ、②期限、③優先順位です。

【やる気】 1543

知識や技術の裏づけがあり、責任をもたされて、終わりが見えると起きます。困ったことだけを、上司が取り除く。

【やること】 1544

期限を決めればやります。

【やればできる】 1545

私はやりません、と同意語。

【やれ、やるな】 1546

指示は整理、指導は整頓です。

【結納】 1547

面倒くさいことを何度もやっておくと、結婚してから、ケンカをした時にお互いに耐えられる。またあれと同じことをするのかと思うと、別れるよりこの人と一緒のほうが良いと思える。小山は28組仲人をして、離婚は3組。その3組も再婚して幸せな結婚生活を送っている。

【優越感】 1548

たった1回でも経験すると、積極的に行動するようになる。

【勇気】 1549

すぐにやめることです。悪いからとか、もうちょっととか、ダラダラしているうちに時間だけが過ぎる。結局はやめる

ことになるから、勇気をもってやめる。断ることです。

【有給休暇】 1550

社員もアルバイトもパートも全員、タイムカードで申請する。①申請は事前に決裁をあげる。事後申請は２営業日までに行う。②2.5G以上の社員は９日間、２G社員は５日間の長期有給休暇が取れる。

【有言実行】 1551

自分自身に宣言する。その言葉に責任を持ち、成し遂げるために必死に行動する。思い（覚悟）の見える化です。私たちの脳への影響は目からの情報が一番で、次に耳です。でも、それよりも自分の声の影響力の方が勝ります。目標、夢を声に出して言う。脳はその言葉によって動きだす。

【優秀】 1552

方針を実行し、それを成果に結びつけられる人です。まずは困難な仕事に挑戦する。

【優秀なセールスマン】 1553

占有率の低いところ、敵の強いところに行かせてはいけない。**わが社の一番強いところで活躍させる。**

【優秀な人】 1554

優秀な人ほど多くの間違いを犯す。どうしようもない人は何もしないから失敗しない。でも先細りになる。**すぐれているから、多くの新しいことにチャレンジする。**

【優柔不断】 1555

ＹＥＳ・保留・ＮＯをはっきりと言わない人。あっちにもこっちにもいいようにと、損をしないで問題解決をしよう

とする。そんなことはありえない。

【優先順位】 1556

一つ一つ片づけていくことです。仕事の重要なものから順番をつける。順番のつけ方がわからない時は、**後からきた仕事を先にやる。**前の仕事は今までやらなくても、特に問題にならなかった。

【有能】 1557

「**未決**」の書類と仕事が少ない人です。「**既決**」が多い人です。当人がいなくても支障のないことが、有能な管理職の条件です。

【有能な使われ人】 1558

社長の言ったことを即実行に移せる人です。これを重ねていくと、出世が早く人生が良い方向に変わります。

【油断】 1559

命取りになる。**大丈夫だろうと思うところに発生します。**長く好調が続くと起きる。

【ゆっくり速く】 1560

一番時間がかかる人に先に教えて、次にその人を先生にして教えさせれば、生徒にはプライドがあるので3分の1以下の時間で覚える。スピードアップにつながる。

【ゆとり世代】 1561

給料より自分の時間を重視している人が多い。

【夢】 1562

やりたいことがやれない時は見ることができて、やりたいことがなんでもやれる時には目先の安易な欲求に流されて

見られない。**夢は逃げない。逃げるのは自分です。実現の
イメージを描くことです。**

【夢に数字を入れる】 1563

勘や経験だけに頼ると、勝手な思い込みが生まれる。特に
若いときの勘や経験ほどあてにならないものはない。それ
よりも数字をもとに計画を立て、行動を決めた方が、ずっ
と信頼できます。

【夢の共有】 1564

管理職と一般社員が半期に一度、直属以外の人と利害関係
なくサシ飲みを通して将来を語る場。評価を付ける直属上
司には言えない悩みを聞く。ストレスが減り、離職率が低
くなる。二次会は禁止。

【良いこと】 1565

良いことはテストでよい。結果が出ていることが優先です。

【良いこと聞いたら即実行】 1566

知っていることと実行できることは違います。知っていて
も、世の中実行しない人がほとんどです。他人より早く実
行すると一歩先んじます。実行には結果がついてくる。

【良い社長 悪い社長】 1567

社員を強制的に勉強させると業績が良い。逆に、社員の自
発性に任せると業績が悪い。それはもうおもしろいほどで
す。業績の良い企業、悪い企業の明確な違いです。

【良い先生】 1568

間違いを生徒に体験させながら教えていく人です。 コンピ
ュータならば、エスケープを数多く押させる人です。

【良い方法】 1569

今できることをすぐやらないと見つからない。間違っても
よいのです。

【良いもの】 1570

高くて良いものはある。安くて良いものがない。

【要員】 1571

①現在の成果を得るために活動する**営業部門を最重点**とする。②将来の成果を得るために活動する**開発部門には、営業に次ぐ要員**を配置する。③日常の仕事のコントロールを行う**管理職**、社内における**サービスを行う部署は最小限**（5～10%）の人員配置をする。

【用心深い】 1572

うまくいかない時の言い訳をいつも考えている人。決して
自分で判断はしない人。

【予感】 1573

悪い予感はよく当たる。あれ？　と思った時は、ガマンし
てジーッとしているか、諦めることです。

【横展開】 1574

他部門で成果が出ていることを、自部門にも取り入れて成
果を上げる。

【予算】 1575

決まっている収入の中での使い方を決める。会社に予算の
考え方を持ち込むのは間違いです。あくまでも計画であり、
目標です。

【与信管理】 1576

債権限度額を定めて、倒産による被害を最小限にくい止めるために行う処置です。

面倒くさいからといって後まわしにしない。

回収したら評価する。

お金を払ってくださる方がお客様です。

①貸し倒れの清算は、部門長会前の与信管理にて行う。

②手形は受け取らない。

③過失による盗難・紛失は100%本人負担とする。

④未入金のあるお客様への納品・サービス提供は、入金があるまでストップする。

【予測】 1577

データを確実に読むと掴むことができます。しかし本当に大切なことは、予測した事態に効果的な手を打てるかどうかです。

【世の中】 1578

会社の都合とは関係なく、お客様の自由とライバルの勝手でどんどん変わる。

【余裕】 1579

①仕事ができない人、成績の悪い会社にあるものです。②必要でない物を持たない。必要な時に手に入れられるようにする。

【喜び】 1580

みんなで分かち合うことができる。苦しみは自分で解決していく。

【弱い】 1581

複数の原因がある。どうにもならないから、放っておいて**強いところに力を入れる。**

【弱気】 1582

覚悟ができていないからです。

【ライバル】 1583

ライバルがいるおかげで、**自分の会社が甘くならない。**

【ライバル対策】 1584

①配布資料には機密保持を明示し、第三者への転用を防ぐ。②本部長会議にて、定期的にライバル会社を調査し、商品比較を行う。

【ラウンドナンバー】 1585

使いやすい数字。上の２ケタの数字。正確な数字は実用に不要（例：円周率＝3.1415……）。**意思決定に必要なのは、上２ケタで十分。信頼度は95％以上ある。**人間の頭は最初の２ケタが記憶に残る。

【楽になる】 1586

悩みを人に話すことです。個人的なことでも、心にとどめておくと苦しみが続く。

【ラミネート】 1587

保護のために紙の表面に透明なプラスチックフィルムを貼り合わせる加工。武蔵野の掲示物はラミネート加工し、裏面四隅にマグネットをつけて掲示する。

【ランチェスター戦略】 1588

市場を細分化し、優先順位を決め、これに従って一つ一つ

のテリトリーに敵に勝る戦力を投入することにより、その
地域の占有率を高めていく戦略です。

【利益】 1589

他人から与えられるものでなく、自分でかせぐものです。
お客様の信頼や要求にお応えするためにお預かりする企業
維持費です。利益があるからお客様サービスが継続できる。
会社は利益によって安定し、発展し、永続し、皆さんや家
族の幸せが図れます。

【利益計画】 1590

①目一杯の利益を出すことを目標にする。②そのための経
費を惜しまない。③必ずプリントアウトする。全体を見て
検討し、メモする。④メモが方針になる。⑤商品は数字で
明確にとらえられることが大事。⑥商品群別に粗利益を知
ることが大切。

【利益責任】 1591

社長ただ1人が負うものです。

【理解】 1592

知識として頭に入ったものが行動に現れることです。

【理解度】 1593

言葉だけでは理解度は7％、話し方しだいで38％、体験を
通して55％です。

【リスク】 1594

ないと発展しない、ないと頑張らない。役所はつぶれる心
配がないから毎年経費が増え続ける。

【リスク管理】 1595

スピードアップです。

【リスト】 1596

常に最新のものにする。自分ではなく渡された人が使いやすい1行1データを準備する。

【理想】 1597

現在にはないです。未来にある。現在は不満です。**現在から理想にたどりつくまでを戦いと言う。**

【リーダー】 1598

物事を熟知し、実行することができる人です。リーダーとしての意図をはっきり示す人です。組織という1つの目的意識をもった集団のトップです。**議長ではない。**

【リーダーの条件】 1599

人より早く気づき、それを他人に伝える。継続して人をときめかせる。

【立派な会社】 1600

よそが不景気でも、不景気がよけて通る会社。どんなに不景気になっても、今まであったマーケットはなくならない。不景気になると買い手市場で、お客様が買う物を厳選し、よい会社、よいお店から買うようになる。そういった会社やお店はいつでも景気がよい。景気がよくなると供給が不足するから、二流三流の会社、お店でも売れるようになる。すなわち、ダメな会社でもなんとか営業ができる。

【率より額】 1601

①1,000万円の**1％**は**10万円**で、100万円の**5％**は**5万円**で

す。率の高さだけを見ると、間違う。**率よりも、量とか額を考える。**

②100の売上が200になれば、達成率は200%。1,000の売上が1,500になれば達成率150%。どんなに達成率が高くても「額」が増えないとダメです。

③原価率が低く、価格が300円のラーメン店は繁盛しないが、原価率が高い1,500円のラーメン店は繁盛する。

④役務提供の事業は粗利益100%だが、従業員100名以上の企業は50社に満たない。遊戯場は粗利益率15%だが、従業員100名以上の企業は300社以上ある。

⑤労働分配率50%以下が適正とされているが、会社が成長している時は、売上に「人の成長」が追いつかなくなり、人件費が高くなっても、教育にお金をかける。目先の労働分配率を優先させると将来の利益を失う。

【理念】 1602

コロコロ変えてはいけないものです。変わらなくてはいけないのは戦略・戦術です。

【理不尽】 1603

受け入れて、教えられて強くなる。世の中はもともと理不尽な面がある。①先発企業は新規参入企業に何も教えてくれない。邪魔者として扱われる。②合併を受け入れたＡ銀行の行員は優遇されて、Ｂ銀行の行員は冷遇されやすい。Ａ銀行のお客様は融資が受けやすく、Ｂ銀行のお客様は厳しくなる。

自分ではどうにもならないことと決まっている。「だから自分の責任ではない」。客観的に見て、こじつけであろうとなんであろうと、言い訳する当人にとっては正当です。これが人間です。

【立地】 1605

店舗の繁栄の大きな要素です（以下、関東中心で書いてあります）。

①北口　最初は山に向かって発展する。

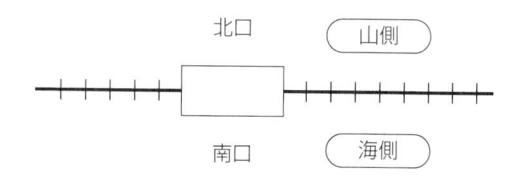

②道路の西、北に面している。

　夏は太陽に当たらないように歩く。

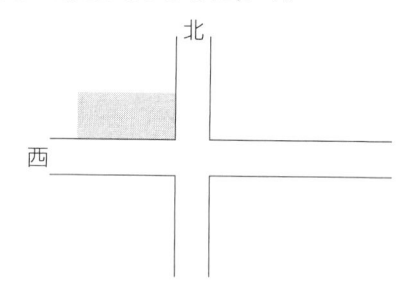

③駅に向かう直角の道。

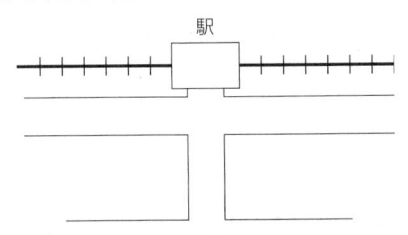

④同じ条件なら坂の下。

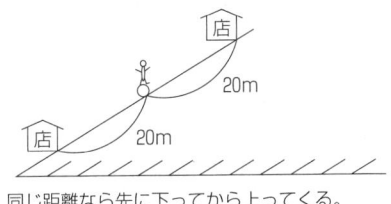

同じ距離なら先に下ってから上ってくる。
荷物を持って上から下りてきたほうが楽なのに。

⑤半地下の店でないところ。

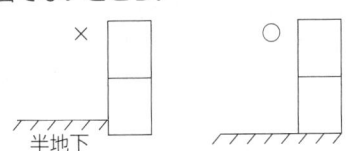

⑥店からの距離が2倍になると来客は4分の1になる。

違う店に買いに行く。

⑦道が蛇行している場合は、ふくらんだほうの外側。

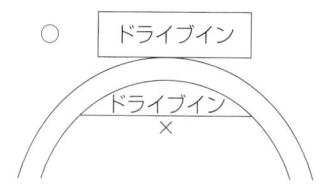

⑧インターチェンジでは業種によって変わる。

ガソリンスタンドは入口、レストランは出口。ガソリンスタンドの立地は、①2車線であること、②車が50km/h以上のスピードで走っているところ、③歩道を越えないところ。

⑨人の募集は都会から見て順に風下にする。

郊外の人は都会に勤めたい。
田舎の人は郊外に勤めたい。

⑩テナントはトイレのそばがよい。サッパリしたら何か買う気になる。

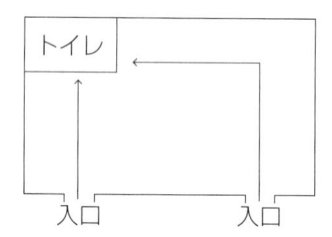

⑪成長時のセブン-イレブン、ミスタードーナツのとなり（立地調査済）。

⑫火事のあとに建ったビルはダメ。

⑬会社・店が発展して空いたテナントは、無条件で借りる。

【留意する】 1606

人が触れられたくないところに触れない。誰しも触れてほしくないことがある。

【流動資産】 1607

決算期から1年以内に現預金になる債権などです。企業経営は最終的には、現金化できる資産を増やすことです。

【流動負債】 1608

信用によって発生する。1年以内に支払う借金です。

【旅行】 1609

①**自分が健康、家族が健康、会社が健康と、3つ揃わないとできない。**②まず一番遠い所に行って、だんだんと近くに帰ってくる。③一週間以上は途中で中休みをとるとよい。④長期の旅行は同じホテルに2泊する。

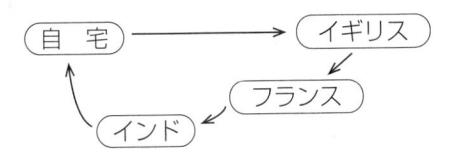

【類似品】 1610

ほとんどの場合は粗悪品です。世の中で粗悪品が勝った例はない。

【留守番】 1611

誰が訪ねてきたか、どこから電話があったかを、そのまま報告する。「別にたいしたことではないから」と訪ねてきたり電話してきた人のことも報告する。何かあるから訪ねてきたり、電話してきた。後日こちらから連絡をする。スゴイ会社（家）と思われる。

【ルート順変更】 1612

こまめに行う。これが最高というものはない。**バックをしないのが最高です。**

能率的なルートコースの組み方

①ルートコース（以下ルートと呼びます）の作成には、お客様データをGoogleの地図システムに表示させ、能率的に作業を進める。一方通行が記入された地図を活用する。

②ルートは基本的に左回り。車は左側通行で、交差点で右折するより左折する方が早い。

規制されている道の走り方

①信号がある交差点前の左へ入る一方通行は、信号を通らず大通りを左に曲がれる近道です。

②右折禁止の交差点では、その交差点を通り越し、最初の道を左折します。これを３回くり返すと右折禁止の交差

点を、右に曲がったことになります。

③一方通行のとなりには、逆への一方通行がある。

道の上手な走り方は、スピードを出して走るのでなく、すいている道を選んで走ることです。

【ルートマン】 1613

クリーンサービスで、商品交換で、お客様を定期的に訪問する担当者。

【ルール】 1614

仕事を楽しくするためのものです。縛るものではありません。**ルールの正しさよりも結果の正しさが大切です。**

【礼】 1615

失すれば敵をつくる。尽くせば敵さえも心を開く。決して人を傷つける武器にしてはいけない。

【例外】 1616

設けると、現在うまく動いている仕組みが破綻し始める。

【例外否認】 1617

物事を成し遂げるためには必要です。これを貫き通せば日本一、世界一になれる。なんでも否認するのではなく、**このことは例外を認めない、ということです。人間の常識が優先する。**よいことも１人でやるのではダメ。よいことを

提案し、**それをみんなでやる**。堅い考えではない。

【礼儀】 1618

体で表す言葉です。相手に対して敬意を表す方法です。人は皆、この世の中で一番大切なのは自分自身です。だから「あなたは私にとって大切なお方です」「尊敬するお方です」という意思を表す。

【零細企業】 1619

リスクの最終請負会社です。

【歴史】 1620

戦略を立てるための教科書です。

【レビュー】 1621

プレゼンの訓練の場。時間内に報告する。

【レベルアップ】 1622

苦しさを乗り越えないとレベルは上がらない。新しいことを教えない。繰り返し繰り返し同じことを教えて、自分1人で行動できるようにする。

【練習】 1623

本番の時よりも体を動かし声を出して、悪い条件で行う。そのほうが本番の時、精神的に楽になる。

【連絡】 1624

相手の方と話をつける。**相手が不在で電話が通じなかった、は連絡したことにはならない**。1、2回電話をしたら役目が済んだのではない。相手に通じない旨を伝える。

【レンタルビジネス】 1625

2週間、4週間の短い期間に商品をお貸しする。2週間レ

ンタルと4週間レンタルでは投資効率が大きく違ってくる。

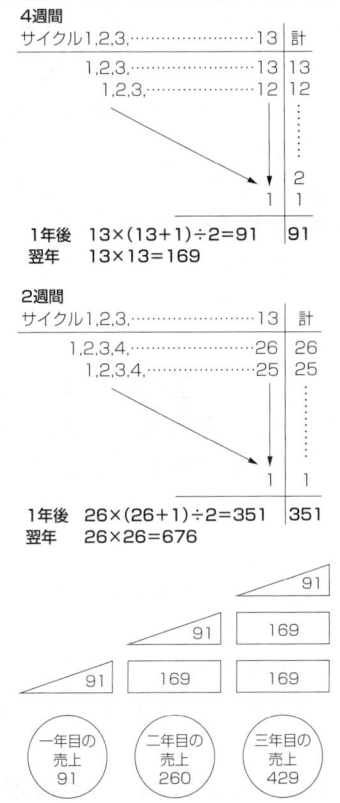

【ロイヤルカスタマー】 1626

大口のお客様です。他のお客様と、差別でなく区別して対応する。

【老化現象】 1627

最初の兆候は①固有名詞をすぐ忘れる。②繰り返しが多くなる。③人の話を聞かずに自説にこだわる。④スマホを使いすぎると、漢字を思い出せない。⑤歩かなくなる。⑥手を使って字を書かない。

【ロードマップ】 1628

達成したい目標に向かって、実施項目をスケジュールに落とし込んだもの。お客様と目標達成に向けた道順をすり合わせるためのツールです。

【ロープレ】 1629

お客様に簡潔にプレゼンする秘訣。営業シナリオとセットです。訪問時のシナリオを活用して定期的に行う。繰り返し行う。ロープレ分担表を作成し、スケジュールを明示して習慣化していく。

【論理的】 1630

理詰めであり、言うこととやることが首尾一貫している。

【若返る】 1631

単に年齢より若く見えるとか、肉体的に元気になることではない。**新しいものの見方ができるようになることです。**

【わが社の顔】 1632

お客様と最初にお会いした人と、最初に電話に出た人です。

【わかっているけど】 1633

わかっているけどやめられない。**人間は、頭で考えることと実際に行動することがもともと違うのが普通です。**それでも決断と実行がないと、決して経営がうまくいくことは

ない。

【わがまま】 1634

努力が報われないところで努力する人です。自分流を変えないから、うまくいかない（マーケットは変わっているから当然）。そういう人に限って、うまくいかないのを他人のせいにする。

【わが身第一】 1635

本業が順調な時に陥る。必ず幹部の心にゆるみが生じる。社長に過ちがあっても幹部があえて苦言を言わなくなり、業績は日ごと下降線をたどり、ついに赤字になる。業績が安泰な時にこそ心をひきしめて仕事をしなければならない。

【わが家の社長】 1636

わが家は妻が社長で、私が社員。社長の仕事は社員が働きやすいように環境を整えることで、夫を働かせようと一生懸命やってくれる。**何に対してもイエス、はい、喜んで、と聞く。**

【わからない(1)】 1637

教えるほうが悪い。教え方が上手でない。**同じことを何回も繰り返して教えることが大切です。**

【わからない(2)】 1638

結婚して夫婦になる。夫（妻）は自分のモノではない。自分に一番近い人です。夫（妻）を自分の思い通りの人に変えようとする。自分が変えさせられたらイヤなのに気づかない。勘違いが離婚になる。

【わかりやすい】 1639

簡単・単純にすることです。

【わかる】 1640

体験させるのが一番です。体でわからせる。頭で理解したと思っても、どこか抜けている。動作をつけるとわかりやすい。

知識・勉強	→	体で実行	→	理解	→	30回以上繰り返す	→	わかる	→	100回以上繰り返す	→	奥が深い

【和談】 1641

お互いに相手の意見を否定せず、共同的に話し合いをする。発見、成長につながりやすい。

【笑い】 1642

ストレス解消の最良の薬です。人類のみに与えられた特権です。笑うことはまず第一に楽しい。そして健康によい。体をアルカリ性に傾け、血行をよくし、内臓を活性化する。笑いは自分だけでなく周りの人も明るくする。怒る人と笑う人があれば、1人残らず笑う人に寄っていく。

【悪いこと】 1643

教えられなくてもできる。放っておくとよいことよりも先行する。原因の95%は自分にあり、外部環境のせいではない。そのまま次の人に引き継がれる。

【悪口】 1644

「自分以外のすべてが悪いから自分もよくないんだ」とい

う言い方。これは冷静さを失った身勝手な愚痴です。**いくら言っても何も変わらない。**どんな正当な理由があろうと、**50%は自分が悪い。**そういう人と付き合っていたのは自分です。

【ワンマン経営】 1645

ワンマン経営のみが正しい経営です。社長は社員とその家族がより豊かな生活を築くため、**数字による目標**を基盤として、わが社をこうするという**方針と意図**を明確にし、目標を達成するために**何をしなければならないか、**また**何をしてはいけないか**を「経営計画書」にして社員に配付し、仕事をする上で**最も重要な道具**として活用する。

計画書に書かれた目標・方針に対する**利益責任**は、それを立てた社長一人がとる。社長の務めは、社員がやりがいのある仕事ができる条件を整えることであり、その結果、成果が得られれば、それは社員の手柄である。したがって、行動する主役である社員一人一人に**実施責任**をとっていただく。**一番難しい仕事は社長**が取り組み、ほかは**無理を承知で社員**に協力をお願いする。

※【エナジャイザー】 0149 解説（29ページ参照）

エナジャイザー受診の一番の目的は「業績アップ」です。業績アップのため、エナジャイザーを受診する。エナジャイザーの解析では、社員個人の個性が浮かび上がります。業績は「人」＝「社員」がアップさせます。中小企業は社長が社員の採用や人事を行い、配置して組織作りをするこ

とがほとんどです。

エナジャイザーの仕組みは、パソコンでＷＥＢサイトにアクセスし、用意された計算問題と「一問一答のアンケート」に答えるだけ。早い人なら20分。どんなに遅い人でも１時間はかかりません。計算問題とアンケートの回答データは、開発元が用意したサーバーに送られ、社員の評価と特徴が１人につき１枚のエクセルの解析結果として出てきます。

社員一人ひとりの解析結果は、次の３つの図表から構成されています。

１　ＩＰ（情報処理特性）

その人の持っているエンジン、ＣＰＵで高い方が良い。ミスは少ない方がいい。変動値30以上はカーッとなりやすい。

２　ＣＰ（内的価値観）

個人の持つ指向性。全てプラスの人は少ない。0.4以上は積極的。今の若い人の70%は「真面目」がマイナス。

３　ＥＶＡ（対象評価価値観）

「仕事」は今担当している業務。「職場」は上司や同僚。「会社」のロイヤリティ。ブランド・実利・自己実現は、高い方が良い。他は低い方がいい。

乖離は離職視野。手術後の回復途上。潜在意識が現れる。

以下は小山昇のデータ（2014年１月）です。小山の能力評価はＡＢＣＤＥ５段階のＣです。

図1

■情報処理特性（IP・Information Process）

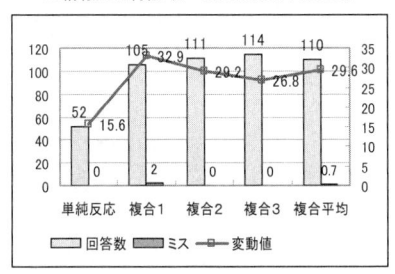

図2

■内的価値観（CP・Core Personality）

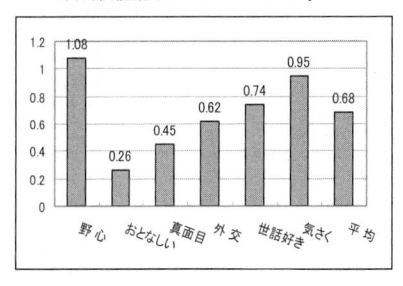

図3

■対象評価価値観
（EVA Environment Value Analysis）

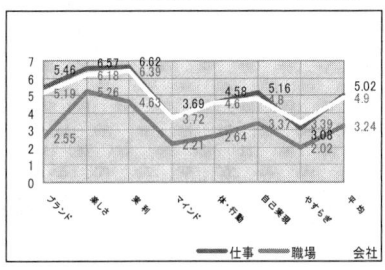

『仕事ができる人の心得【改訂4版】』
索引（読みやすさのため、五十音順ではない部分がございます）

あ

0001 愛	. . .5
0002 挨拶	. . .5
0003 愛社精神	. . .5
0004 ＩＴ	. . .5
0005 ＩＴ化	. . .5
0006 ＩＴ機器	. . .5
0007 赤字	. . .6
0008 赤字会社	. . .6
0009 赤信号	. . .6
0010 明るい	. . .6
0011 空家	. . .6
0012 あきらめる	. . .6
0013 悪影響	. . .6
0014 アクション	. . .6
0015 悪天候	. . .7
0016 朝の時間	. . .7
0017 汗	. . .7
0018 アセスメント	. . .7
0019 汗と涙と喜びの共有	. . .7
0020 焦り	. . .8
0021 遊ぶ	. . .8
0022 温かい組織	. . .8
0023 頭	. . .8
0024 頭がいい	. . .8
0025 頭の回転	. . .8
0026 新しい	. . .8
0027 新しいこと	. . .9
0028 新しい仕事	. . .9
0029 集まる	. . .9
0030 後始末	. . .9
0031 あとで	. . .10
0032 アドバイス	. . .10
0033 穴熊社長	. . .10
0034 アナログボード	. . .10
0035 アピアランス	. . .10
0036 アピール	. . .10
0037 アフターサービス	. . .10
0038 アプローチ	. . .11
0039 アポイント	. . .11
0040 甘い	. . .11
0041 甘辛調整	. . .11
0042 甘さ	. . .11
0043 アマチュア	. . .11
0044 誤り(1)	. . .11
0045 誤り(2)	. . .11
0046 謝る	. . .12

0047 粗探し	. . .12
0048 粗利益	. . .12
0049 粗利益額	. . .12
0050 粗利益率	. . .12
0051 ありがとう	. . .13
0052 安易	. . .13
0053 安心	. . .13
0054 安全	. . .13
0055 安定	. . .14
0056 アンバランス	. . .14

い

0057 いい上司	. . .14
0058 言い訳	. . .14
0059 意外な事実	. . .14
0060 粋	. . .14
0061 勢い	. . .14
0062 生きがい	. . .15
0063 生き字引	. . .15
0064 行きづまる	. . .15
0065 生きる	. . .15
0066 育成	. . .15
0067 意見	. . .15
0068 意見具申	. . .15
0069 居心地がよい	. . .16
0070 意識革命	. . .16
0071 意思決定	. . .16
0072 意思表示	. . .16
0073 いじめ	. . .16
0074 ＥＧ	. . .16
0075 忙しい	. . .18
0076 急ぎ	. . .18
0077 急ぎ注文	. . .18
0078 痛み	. . .18
0079 一行一データ主義	. . .18
0080 一情報一枚主義	. . .18
0081 一人前	. . .18
0082 一流	. . .19
0083 一騎打ちの法則	. . .19
0084 一致団結	. . .19
0085 5つの情報	. . .20
0086 言ってはいけない	. . .20
0087 イデオロギー	. . .20
0088 異動(1)	. . .20
0089 異動(2)	. . .20
0090 移動	. . .20
0091 移動時間(1)	. . .20
0092 移動時間(2)	. . .21

	0093 命	...21		0144 栄転	...28
	0094 命取り	...21		0145 笑顔	...28
	0095 イベント	...21		0146 エゴ	...28
	0096 イメージ	...21		0147 えこひいき	...28
	0097 イヤなこと	...21		0148 X理論Y理論	...29
	0098 意欲	...21		0149 エナジャイザー	...29
	0099 依頼	...21		0150 A評価	...29
	0100 イライラする	...21		0151 M&A	...29
	0101 居る気の社員	...22		0152 MG	...29
	0102 色	...22		0153 MQS	...29
	0103 インストラクター	...22		0154 ABC分析	...30
	0104 引退	...22		0155 MGの赤チップ	...30
う	0105 上の人	...22		0156 宴会	...30
	0106 動く	...22		0157 演技	...31
	0107 嘘	...22		0158 援助	...31
	0108 打ち合わせ	...22		0159 円満	...31
	0109 器	...23	**お**	0160 大口取引	...31
	0110 腕前	...23		0161 おかしい	...31
	0111 うぬぼれ	...23		0162 お金	...31
	0112 うまくいっている	...23		0163 お金がない	...31
	0113 裏切り	...23		0164 お金の決裁	...32
	0114 売上	...23		0165 お金の棚卸し	...32
	0115 売上増	...24		0166 置き方	...32
	0116 売上単価	...24		0167 お客様	...32
	0117 売上不振	...24		0168 お客様情報の共有	...32
	0118 売掛金	...24		0169 お客様情報の収集	...32
	0119 売り場効果	...24		0170 お客様第一主義	...33
	0120 うるさい	...24		0171 お客様の声を聞く	...33
	0121 売れ筋	...24		0172 お客様の評価(1)	...33
	0122 売れている	...25		0173 お客様の評価(2)	...33
	0123 売れる	...25		0174 お客様本位	...33
	0124 浮気	...25		0175 お客様リスト	...33
	0125 噂（うわさ）	...25		0176 奥が深い	...34
	0126 うわすべり	...25		0177 臆病	...34
	0127 運	...25		0178 行う	...34
	0128 運転	...26		0179 怒る	...34
	0129 運転資金	...26		0180 おごる	...34
	0130 運命	...26		0181 教える	...34
え	0131 絵	...26		0182 お知らせ	...35
	0132 AI	...26		0183 お世話係	...35
	0133 営業	...26		0184 おだてる	...35
	0134 営業案内	...26		0185 お中元・お歳暮	...35
	0135 営業活動	...27		0186 落とし穴	...35
	0136 営業経験	...27		0187 大人	...35
	0137 営業スキル	...27		0188 おとり商品	...36
	0138 営業責任者	...27		0189 踊り場	...36
	0139 営業報告	...27		0190 驚き	...36
	0140 営業マン適性	...27		0191 同じことを聞く	...36
	0141 営業マン	...27		0192 お願い	...36
	0142 営業利益	...28		0193 おひとよし	...37
	0143 永続	...28		0194 オフィス	...37

0195 覚える(1) ...37
0196 覚える(2) ...37
0197 おまけとタダ ...37
0198 お見舞い ...37
0199 お迎え報告 ...37
0200 思い切り ...38
0201 思い違い ...38
0202 思いつき ...38
0203 思いやり ...38
0204 思う ...39
0205 面白い ...39
0206 おもちゃ ...39
0207 親 ...39
0208 親孝行 ...39
0209 親心 ...39
0210 オリエンテーション ...40
0211 オリエンテーション（総務） ...40
0212 オリジナル(1) ...40
0213 オリジナル(2) ...40
0214 お礼状 ...40
0215 恩 ...40
0216 オンリーさん ...40
0217 オンリーワン ...41
0218 海外進出 ...41
0219 改革 ...41
0220 開眼 ...41
0221 会議 ...41
0222 会議中 ...41
0223 会議の時間 ...42
0224 会社(1) ...42
0225 会社(2) ...42
0226 解釈 ...42
0227 会社経営 ...42
0228 会社人間 ...42
0229 会社の規模 ...43
0230 会社の将来 ...43
0231 会社訪問 ...43
0232 回収 ...43
0233 改善 ...43
0234 外注 ...43
0235 回転 ...44
0236 開発 ...44
0237 外部講師 ...44
0238 解約 ...44
0239 解約防止 ...44
0240 買う ...44
0241 変える ...44
0242 価格 ...45
0243 価格決定 ...45
0244 価格交渉 ...45

0245 価格戦争 ...45
0246 価格変更 ...45
0247 価格ダウン ...46
0248 隠しごと ...46
0249 革新 ...46
0250 学習 ...46
0251 確認 ...47
0252 学歴 ...47
0253 過去 ...47
0254 下降傾向 ...47
0255 過去の数字 ...47
0256 貸し倒れ ...47
0257 数 ...48
0258 ＧＡＳ ...48
0259 ガス抜き ...48
0260 風 ...48
0261 肩書き ...48
0262 形 ...48
0263 形から入って心に至る ...49
0264 片手間 ...49
0265 カタログ ...49
0266 価値 ...49
0267 学校 ...49
0268 学校の成績 ...49
0269 格好よい ...50
0270 活性化 ...50
0271 活力 ...50
0272 家庭 ...50
0273 鞄持ち ...50
0274 株 ...50
0275 株式公開 ...51
0276 壁 ...51
0277 紙に書く ...51
0278 借入金 ...51
0279 借入金の返済原資 ...51
0280 仮勘定 ...51
0281 借入金の重み ...52
0282 我流 ...52
0283 借りる ...52
0284 カレンダー ...52
0285 勘 ...52
0286 考え方が違う ...53
0287 考え方の整頓 ...53
0288 考えておきます ...53
0289 環境 ...53
0290 環境整備(1) ...53
0291 考える(1) ...53
0292 考える(2) ...54
0293 環境整備(2) ...54
0294 環境整備点検 ...54
0295 環境整備点検満点 ...55

0296 簡潔	...55		0347 技術革新	...64	
0297 頑固	...55		0348 技術向上	...64	
0298 冠婚葬祭	...55		0349 技術力アップ	...64	
0299 観察	...55		0350 基準	...64	
0300 感謝しない人	...55		0351 規制	...64	
0301 感情	...55		0352 既成概念	...65	
0302 関心	...55		0353 規則	...65	
0303 勘定科目	...56		0354 期待	...65	
0304 簡素化	...56		0355 気づかい	...65	
0305 簡単	...56		0356 気づかせる	...65	
0306 感動	...56		0357 気づき	...65	
0307 観点	...56		0358 気づく	...65	
0308 感動と実行	...57		0359 キックポイント	...66	
0309 カンニング	...57		0360 気づけない	...66	
0310 頑張る	...57		0361 規定	...66	
0311 幹部	...57		0362 規程書	...66	
0312 幹部が育たない	...58		0363 気に病む	...66	
0313 幹部からの反対	...58		0364 厳しい	...66	
0314 幹部候補	...58		0365 気分転換	...66	
0315 幹部の基準	...59		0366 希望的観測	...66	
0316 幹部の仕事	...59		0367 基本給	...67	
0317 幹部の役割	...59		0368 キーマン	...67	
0318 完璧	...59		0369 客商売	...67	
0319 願望	...59		0370 客数の増加	...67	
0320 感銘	...59		0371 逆算	...67	
0321 寛容	...59		0372 逆境	...68	
0322 管理	...60		0373 ギャンブル	...68	
0323 管理がずさん	...60		0374 キャンペーン	...68	
0324 管理単	...60		0375 休日	...68	
0325 管理する	...60		0376 休日出勤	...68	
き 0326 気合	...60		0377 求人	...69	
0327 機械作業	...60		0378 窮地	...69	
0328 機会損失	...60		0379 給料(1)	...69	
0329 機械に弱い	...60		0380 給料(2)	...69	
0330 企画	...61		0381 給料(3)	...69	
0331 期間	...61		0382 給料(4)	...69	
0332 危機	...61		0383 給料(5)	...69	
0333 危機感	...61		0384 給料体系(1)	...69	
0334 危機管理	...61		0385 給料体系(2)	...70	
0335 企業	...61		0386 給料体系(3)	...70	
0336 企業資産	...62		0387 給料泥棒	...70	
0337 企業成長	...62		0388 器用	...70	
0338 企業文化	...62		0389 今日	...70	
0339 企業方程式	...62		0390 教育(1)	...70	
0340 聴く	...63		0391 教育(2)	...71	
0341 聴くこと	...63		0392 教育(3)	...71	
0342 気配り	...63		0393 教育研修費	...71	
0343 危険	...63		0394 教育のコツ	...71	
0344 儀式	...63		0395 強運	...71	
0345 期日	...63		0396 供給制限	...72	
0346 技術	...64		0397 教訓	...72	

0398 競合 ...72
0399 教材 ...72
0400 強者の論理 ...72
0401 業績 ...72
0402 業績アップ ...73
0403 競争 ...73
0404 競争価格 ...73
0405 競争目標 ...73
0406 共通言語 ...73
0407 共通の道具 ...73
0408 共同経営 ...73
0409 業務改革 ...74
0410 業務遂行 ...74
0411 拒否 ...74
0412 嫌い ...74
0413 切り替え ...74
0414 規律 ...74
0415 義理人情 ...74
0416 気力 ...74
0417 均一サービス ...75
0418 緊急支払い能力 ...75
0419 金欠病 ...75
0420 銀行 ...75
0421 銀行訪問 ...75
0422 緊張 ...75
0423 金利 ...75

く 0424 クイックレスポンス ...76
0425 空中戦 ...76
0426 くさる ...76
0427 苦情 ...76
0428 苦情処理 ...76
0429 癖 ...76
0430 具体的 ...76
0431 愚痴 ...76
0432 口コミ ...77
0433 口と耳 ...77
0434 苦痛 ...77
0435 区別 ...77
0436 クライアントフォーカス
　　　ミーティング（ＣＦＭ)...77
0437 暗い人 ...77
0438 苦しい ...77
0439 グラフ ...78
0440 苦しみ ...78
0441 車の運転 ...78
0442 クレーマー ...78
0443 クレーム ...79
0444 クレーム処理 ...79
0445 クレーム報告 ...79
0446 苦労 ...79
0447 クローバー ...80

0448 訓練 ...80

け 0449 経営(1) ...80
0450 経営(2) ...80
0451 経営幹部 ...80
0452 経営計画書 ...80
0453 経営計画 ...80
0454 経営計画発表会 ...81
0455 経営原則 ...81
0456 経営者 ...82
0457 経営戦略 ...82
0458 経営方針 ...82
0459 経営理念 ...82
0460 計画 ...82
0461 計画性 ...83
0462 景気後退 ...83
0463 経験 ...83
0464 稽古 ...83
0465 迎合 ...83
0466 経常利益 ...83
0467 継続 ...83
0468 経費 ...83
0469 経理 ...84
0470 下駄 ...84
0471 計算尺 ...84
0472 ケチ ...84
0473 結果 ...84
0474 決算 ...85
0475 決算書 ...85
0476 決算書を読む ...85
0477 月次報告 ...85
0478 欠席 ...85
0479 決断 ...85
0480 決断力 ...85
0481 決定 ...86
0482 欠点 ...86
0483 欠品 ...86
0484 欠品情報 ...86
0485 原案 ...86
0486 原因 ...86
0487 限界 ...86
0488 見学 ...87
0489 元気 ...87
0490 研究 ...87
0491 謙虚 ...87
0492 現金 ...87
0493 現金残高 ...87
0494 権限 ...88
0495 権限移譲 ...88
0496 健康 ...88
0497 健康管理 ...88
0498 現在 ...89

0499 現実	...89	
0500 検証	...89	
0501 現状	...89	
0502 現状維持	...89	
0503 賢人	...89	
0504 減点主義	...89	
0505 検討	...89	
0506 見当違い	...89	
0507 現場	...90	
0508 現場主義	...90	
0509 現場第一	...90	
0510 現場100回	...90	
0511 兼務	...90	
0512 権利	...90	
0513 権利と義務	...90	
0514 権力	...91	
0515 効果	...91	
0516 降格	...91	
0517 講義	...91	
0518 好奇心	...91	
0519 高給取り	...91	
0520 後継者	...91	
0521 広告	...91	
0522 広告一等地	...92	
0523 広告宣伝費	...92	
0524 交渉事	...92	
0525 攻勢	...92	
0526 好調	...92	
0527 高賃金・低人件費	...92	
0528 交通事故	...92	
0529 更迭	...92	
0530 行動	...93	
0531 行動管理	...93	
0532 行動指針	...93	
0533 高度化	...93	
0534 後輩	...93	
0535 公平	...93	
0536 公募	...94	
0537 合理化	...94	
0538 声	...94	
0539 声が大きい	...94	
0540 5S	...94	
0541 誤解	...94	
0542 五月病	...94	
0543 顧客管理	...95	
0544 顧客数	...95	
0545 小口現金	...95	
0546 心	...95	
0547 心しだい	...95	
0548 心の法則	...95	
0549 心を込めて	...96	

0550 腰が軽い	...96	
0551 個人教室	...96	
0552 個人面談（社長）	...96	
0553 個人面談（上司）	...97	
0554 コース整頓	...97	
0555 コスト	...97	
0556 コストダウン	...97	
0557 コース表	...97	
0558 午前中	...98	
0559 子育て	...98	
0560 答え	...98	
0561 コツ	...98	
0562 固定観念	...98	
0563 固定資金	...98	
0564 固定資産	...98	
0565 固定費	...99	
0566 言葉	...99	
0567 子供	...99	
0568 こども会社見学会	...99	
0569 子供に数字を教える	...99	
0570 コネ	...99	
0571 好み	...100	
0572 コマ切れ時間	...100	
0573 コミュニケーション	...100	
0574 小山昇	...100	
0575 ゴールデンタイム	...100	
0576 ゴールデンルート	...100	
0577 コロコロ変わる	...100	
0578 懇親会	...101	
0579 コンセプト	...101	
0580 コントロール	...101	
0581 困難(1)	...101	
0582 困難(2)	...101	
0583 混乱	...102	
0584 在庫	...102	
0585 在庫処分	...102	
0586 採算	...102	
0587 財産	...102	
0588 再就職	...102	
0589 最小限	...102	
0590 最小限管理	...103	
0591 最初の山	...103	
0592 最頻値	...103	
0593 催促	...103	
0594 最大の敵	...104	
0595 才能	...104	
0596 財務分析	...104	
0597 再面接	...104	
0598 採用(1)	...105	
0599 採用(2)	...105	
0600 採用基準	...105	

こ

さ

0601 採用担当	...105	
0602 採用面接	...105	
0603 先入れ、先出し	...106	
0604 先取り	...106	
0605 先を見る	...106	
0606 作戦	...106	
0607 サシ飲み	...106	
0608 挫折	...107	
0609 左遷	...107	
0610 悟り	...107	
0611 サービス(1)	...107	
0612 サービス(2)	...107	
0613 差別化	...107	
0614 差別化チラシ	...108	
0615 サボリ	...108	
0616 サラリーマン	...108	
0617 去る者は追いかける	...108	
0618 残業	...108	
0619 サンクスカード	...108	

し

0620 賛辞	...109	
0621 三定管理	...109	
0622 三流	...109	
0623 幸せ	...109	
0624 仕入れ	...109	
0625 自戒	...110	
0626 視覚	...110	
0627 仕かける	...110	
0628 しがみつく	...110	
0629 シェアじゃんけん®	...110	
0630 仕方がない	...111	
0631 叱り方	...112	
0632 叱る	...112	
0633 時間	...112	
0634 時間給	...112	
0635 時間の管理	...112	
0636 時間を守る	...113	
0637 持久力	...113	
0638 事業	...113	
0639 事業部	...113	
0640 資金運用	...113	
0641 資金繰り	...114	
0642 資金繰り表	...115	
0643 資金計画	...115	
0644 試験	...115	
0645 次元が違う	...115	
0646 しくじり	...115	
0647 時系列	...115	
0648 資金調達	...116	
0649 私語	...117	
0650 自己育成	...117	
0651 試行錯誤	...117	
0652 自己開示	...117	
0653 自己開示シート	...117	
0654 自己管理	...118	
0655 自己啓発	...118	
0656 自己資本	...118	
0657 自己資本比率	...118	
0658 仕事(1)	...118	
0659 仕事(2)	...118	
0660 仕事に人をつける	...119	
0661 仕事の生きがい	...119	
0662 仕事の管理	...119	
0663 自己評価	...119	
0664 事故報告	...119	
0665 視察	...120	
0666 資産	...120	
0667 時差ぼけ防止	...120	
0668 指示	...120	
0669 指示命令	...120	
0670 自社ブランド	...120	
0671 師匠	...121	
0672 市場	...121	
0673 自信	...121	
0674 システム	...121	
0675 時代	...121	
0676 下請け	...121	
0677 下積み	...122	
0678 下見	...122	
0679 示談	...122	
0680 質	...122	
0681 実印	...122	
0682 しつけ	...122	
0683 実験	...122	
0684 実現可能	...123	
0685 実現可能な数字	...123	
0686 実現不可能	...123	
0687 実行	...123	
0688 実行計画書	...123	
0689 実行する	...124	
0690 実施	...124	
0691 実施責任	...124	
0692 実践	...124	
0693 実務	...125	
0694 実質金利	...125	
0695 失敗(1)	...125	
0696 失敗(2)	...126	
0697 実務管理	...126	
0698 実力	...126	
0699 視点	...126	
0700 指導(1)	...127	
0701 指導(2)	...127	
0702 指導者	...127	

0703 シナジー効果	...127	
0704 自発的	...127	
0705 支払い	...127	
0706 品揃え	...128	
0707 支払手形	...128	
0708 辞表	...128	
0709 私服の付き合い	...129	
0710 C評価	...129	
0711 自分勝手	...129	
0712 自分への投資	...129	
0713 資本	...129	
0714 資本金	...130	
0715 始末書	...130	
0716 事務所	...130	
0717 視野	...130	
0718 社員	...130	
0719 社員教育(1)	...130	
0720 社員教育(2)	...131	
0721 社員教育(3)	...131	
0722 社員の気持ち	...131	
0723 社員のやる気	...131	
0724 社員旅行	...131	
0725 社員割引	...131	
0726 社外研修	...132	
0727 弱者の戦略	...132	
0728 弱点	...132	
0729 社章	...132	
0730 社宅	...133	
0731 社長(1)	...133	
0732 社長(2)	...134	
0733 社長会	...134	
0734 社長室	...134	
0735 社長の在り方	...134	
0736 社長のイス	...134	
0737 社長の決断	...134	
0738 社長の決定	...135	
0739 社長の仕事	...135	
0740 社長の社会的責務	...135	
0741 社長の名刺	...135	
0742 社長の役割	...135	
0743 借金	...135	
0744 社内アセスメント	...135	
0745 社内禁句	...136	
0746 社内結婚	...136	
0747 社内不倫	...136	
0748 社風	...136	
0749 斜陽化	...136	
0750 ジャンケンとクジ引き		
	...136	
0751 収益	...137	
0752 収益向上	...137	
0753 自由	...137	
0754 収益性	...137	
0755 従業員	...137	
0756 集計	...138	
0757 収益性向上	...138	
0758 自由裁量	...138	
0759 充実	...138	
0760 充実感	...139	
0761 就職	...139	
0762 修正	...139	
0763 集中	...139	
0764 集中力	...139	
0765 重点化	...139	
0766 重点管理	...139	
0767 重点主義	...140	
0768 重点戦略地域	...140	
0769 習得	...140	
0770 収入源	...140	
0771 執念	...140	
0772 周辺事業	...140	
0773 修理	...141	
0774 修業	...141	
0775 熟慮	...141	
0776 受験勉強	...141	
0777 受注事業	...141	
0778 出世しない人	...141	
0779 守(シュ)破(ハ)離(リ)		
	...141	
0780 巡回点検	...142	
0781 準備	...143	
0782 賞	...143	
0783 紹介	...143	
0784 しようがない	...143	
0785 昇給	...143	
0786 状況判断	...143	
0787 昇格	...144	
0788 条件	...144	
0789 上司(1)	...144	
0790 上司(2)	...145	
0791 上司からの頼まれごと		
	...145	
0792 正直	...145	
0793 常識	...145	
0794 上司の適性	...145	
0795 上司の悪口	...145	
0796 上司不適者	...146	
0797 小集団	...146	
0798 昇進	...146	
0799 少数精鋭	...146	
0800 冗談	...146	
0801 承認	...146	

0802 商売		...146
0803 商売繁盛		...146
0804 商品		...147
0805 商品開発		...147
0806 商品価格		...147
0807 商品説明		...147
0808 商品欠品		...147
0809 商品名		...148
0810 商品をけなされる		...148
0811 商品別販売計画		...148
0812 勝負		...148
0813 情報(1)		...149
0814 情報(2)		...149
0815 情報の整頓		...149
0816 賞与		...149
0817 勝利		...149
0818 常連		...149
0819 職場		...149
0820 助言		...150
0821 ショービジネス		...150
0822 書類		...150
0823 序列		...150
0824 知りたい		...150
0825 資料		...150
0826 指令		...150
0827 試練		...150
0828 新規契約		...151
0829 新規開拓		...151
0830 新規事業		...151
0831 進言		...152
0832 真剣勝負		...152
0833 人件費		...152
0834 人材		...152
0835 人材戦略		...152
0836 人材不足		...152
0837 人事		...152
0838 人事異動		...153
0839 新事業		...153
0840 新市場への進出		...153
0841 人事原則		...153
0842 人事評価		...154
0843 信賞必罰		...154
0844 新商品		...154
0845 新人		...154
0846 新人教育		...154
0847 新人研修		...155
0848 新人の心構え		...155
0849 人生		...155
0850 親切		...155
0851 新卒(1)		...156
0852 新卒(2)		...156
0853 進捗会議		...156
0854 人的資源		...156
0855 シンデレラ商品		...156
0856 浸透		...157
0857 新入社員		...157
0858 新任		...157
0859 真のサービス		...157
0860 心配		...157
0861 心配性		...157
0862 人物		...157
0863 シンプル		...158
0864 新プログラム		...158
0865 身辺整理		...158
0866 人脈		...159
0867 親友		...159
0868 信用(1)		...159
0869 信用(2)		...159
0870 信用の築き方		...159
0871 信頼		...159
0872 信頼度		...160
0873 心理的安全性		...160
す 0874 水準		...160
0875 水分補給		...160
0876 睡眠		...160
0877 数字(1)		...160
0878 数字(2)		...160
0879 数字活用		...161
0880 数値		...161
0881 数字による目標		...161
0882 すぐやる		...161
0883 スクラップ・アンド・ビルド		...161
0884 スケジュール		...162
0885 スケジュール共有		...162
0886 スケジュールの整頓		...162
0887 スコアボード		...162
0888 スター		...162
0889 素敵な人		...162
0890 ストレス		...162
0891 素直(1)		...163
0892 素直(2)		...163
0893 素直なセールス		...163
0894 スピード		...163
0895 スピード決裁		...163
0896 スランプ		...163
0897 すり替わり営業		...164
せ 0898 誠意		...164
0899 成果		...164
0900 正確		...164
0901 成功		...164
0902 成功事例		...164

0903 成功体験(1)	...165	
0904 成功体験(2)	...165	
0905 政策勉強会	...165	
0906 生産性	...165	
0907 生産性向上	...165	
0908 誠実	...165	
0909 誠心誠意	...166	
0910 生成AI	...166	
0911 成績の悪い営業マン	...166	
0912 成長	...166	
0913 成長企業	...167	
0914 成長する	...167	
0915 正当な理由	...167	
0916 成績	...168	
0917 整頓(1)	...168	
0918 整頓(2)	...168	
0919 性能比較	...168	
0920 税務調査	...168	
0921 整理(1)	...168	
0922 整理(2)	...168	
0923 席	...169	
0924 席につく	...169	
0925 責任	...169	
0926 席次	...170	
0927 責任者	...170	
0928 責任をもたない人	...170	
0929 世間体	...170	
0930 節税	...170	
0931 接待(1)	...171	
0932 接待(2)	...171	
0933 絶対	...171	
0934 絶体絶命	...171	
0935 絶対評価	...171	
0936 絶頂	...171	
0937 節度	...171	
0938 説得	...172	
0939 設備	...172	
0940 設備投資	...172	
0941 説明	...172	
0942 節約	...173	
0943 狭く深く	...173	
0944 セミナー	...173	
0945 攻め	...173	
0946 セールストーク	...173	
0947 セールスマンの生産性	...173	
0948 全員経営	...173	
0949 宣言	...174	
0950 先見性	...174	
0951 洗車	...174	
0952 戦術	...174	
0953 先生	...174	
0954 戦争	...174	
0955 全体最適	...174	
0956 選択	...175	
0957 前兆	...175	
0958 先手必勝	...175	
0959 宣伝	...175	
0960 先輩	...176	
0961 専門家(1)	...176	
0962 専門家(2)	...176	
0963 占有率	...176	
0964 戦略	...176	
0965 戦略能力	...176	
0966 戦略マップ	...176	
0967 戦力	...177	
0968 全力	...177	
0969 前例	...177	
そ 0970 創業	...177	
0971 増強	...177	
0972 掃除	...177	
0973 増資	...177	
0974 総資産	...178	
0975 創造	...178	
0976 想像力	...178	
0977 相続	...178	
0978 相対評価	...178	
0979 相談	...178	
0980 相談（サポート会員からの）	...179	
0981 早朝勉強会	...179	
0982 総務	...179	
0983 即答	...179	
0984 組織	...179	
0985 組織拡大	...179	
0986 組織活性化	...180	
0987 育つ	...180	
0988 組織プロフィール	...180	
0989 組織変更	...181	
0990 育てる(1)	...181	
0991 育てる(2)	...181	
0992 即決	...181	
0993 そのうち	...182	
0994 ソフト	...182	
0995 ソリッドボイス	...182	
0996 損	...182	
0997 存在	...182	
0998 存続	...182	
0999 損益計算書	...183	
た 1000 第一印象	...183	
1001 待遇	...183	
1002 体験	...183	

1003 体験学習	...184	
1004 体質改善	...184	
1005 損の道を行くこと	...184	
1006 貸借対照表	...184	
1007 大丈夫	...184	
1008 損益分岐点	...185	
1009 退職	...185	
1010 退職届	...185	
1011 大胆	...185	
1012 対策	...186	
1013 対前年比	...186	
1014 隊長	...187	
1015 態度	...187	
1016 大発展	...187	
1017 大変	...187	
1018 怠慢	...187	
1019 タイミング	...187	
1020 体面	...187	
1021 タイムオーバー	...188	
1022 体力	...188	
1023 対話	...188	
1024 多角化	...188	
1025 妥協	...188	
1026 ターゲット	...189	
1027 惰性	...189	
1028 戦い	...189	
1029 戦い方	...189	
1030 戦いに勝つ	...189	
1031 正しいこと	...190	
1032 正しいサービス	...190	
1033 達人	...190	
1034 達成率	...190	
1035 棚卸し	...190	
1036 楽しい	...190	
1037 多品種少量販売	...191	
1038 ダブルキャスト	...191	
1039 ダブルチェック	...191	
1040 ダブルチェック トリプル		
チェック	...191	
1041 多忙	...191	
1042 黙っている	...191	
1043 球拾い	...191	
1044 ダメ	...191	
1045 ダメ幹部	...192	
1046 ダメージ	...192	
1047 ダメ上司	...192	
1048 ダメな人	...192	
1049 ダメを押す	...192	
1050 たら	...192	
1051 単位当たり	...193	
1052 単純	...193	

1053 単純作業	...193	
1054 担当	...193	
1055 担当者ニュース	...193	
1056 単品管理	...193	
ち 1057 地域戦略	...193	
1058 知恵	...193	
1059 小さな会社	...194	
1060 チェック(1)	...194	
1061 チェック(2)	...194	
1062 チェック&		
コミュニケーション	...194	
1063 チェックリスト	...194	
1064 近い	...195	
1065 近道	...195	
1066 遅刻	...195	
1067 遅刻者	...195	
1068 知識	...195	
1069 地図	...196	
1070 チーム	...196	
1071 チーム活動	...196	
1072 チームワーク	...196	
1073 着手半分	...197	
1074 チャンス	...197	
1075 注意	...197	
1076 中間報告	...197	
1077 中小企業	...197	
1078 忠誠心	...197	
1079 中途半端	...197	
1080 超一流	...197	
1081 長期借入金	...198	
1082 注文	...198	
1083 長期計画	...198	
1084 長期事業構想書	...198	
1085 長期事業計画	...199	
1086 長期戦略	...199	
1087 長期有給休暇	...199	
1088 調査	...199	
1089 調査方法	...200	
1090 長所	...200	
1091 朝礼	...200	
1092 長短比率	...200	
1093 朝令暮改	...200	
1094 直感力	...200	
1095 賃金制度	...201	
1096 沈黙	...201	
つ 1097 ついで	...201	
1098 疲れる	...201	
1099 ツキ	...201	
1100 付き合い	...202	
1101 都合	...202	
1102 伝える	...202	

1103 強い組織	. . .202	
1104 強くなる	. . .202	
1105 つらい	. . .202	
て	1106 手	. . .202
1107 出会い	. . .203	
1108 提案型営業	. . .203	
1109 DM	. . .203	
1110 DX	. . .203	
1111 定期訪問	. . .203	
1112 定期訪問基準	. . .203	
1113 偵察	. . .203	
1114 定時終了	. . .204	
1115 定時訪問	. . .204	
1116 Dストック	. . .204	
1117 定性情報	. . .204	
1118 手一杯	. . .204	
1119 定点観測	. . .204	
1120 定番商品	. . .204	
1121 定量情報	. . .205	
1122 適材適所	. . .205	
1123 適性検査	. . .205	
1124 適正在庫	. . .205	
1125 できた	. . .205	
1126 テキトー	. . .206	
1127 できない	. . .206	
1128 できません	. . .206	
1129 できる	. . .206	
1130 テスト販売	. . .206	
1131 データ	. . .206	
1132 データ解析	. . .206	
1133 データベース	. . .207	
1134 手帳型経営計画書	. . .207	
1135 哲学	. . .207	
1136 撤退	. . .207	
1137 徹底する	. . .207	
1138 出直し	. . .207	
1139 テナント	. . .208	
1140 手抜き	. . .208	
1141 デパート	. . .208	
1142 手本	. . .208	
1143 テリトリー	. . .208	
1144 テレビCM	. . .208	
1145 転換点	. . .208	
1146 転記	. . .209	
1147 転勤	. . .209	
1148 転原自在	. . .209	
1149 天才	. . .209	
1150 転職(1)	. . .209	
1151 転職(2)	. . .209	
1152 伝統	. . .210	
1153 電話	. . .210	

1154 電話応対	. . .210	
1155 電話注文	. . .210	
1156 電話番号	. . .211	
と	1157 トイレットペーパー	. . .211
1158 同期	. . .211	
1159 動機は不純が正しい	. . .211	
1160 同業他社	. . .211	
1161 同行	. . .211	
1162 洞察力	. . .211	
1163 倒産(1)	. . .211	
1164 倒産(2)	. . .212	
1165 投資	. . .212	
1166 闘志	. . .212	
1167 どうしましょうか	. . .212	
1168 同情	. . .212	
1169 度胸	. . .213	
1170 独裁者	. . .213	
1171 独自の	. . .213	
1172 独自能力	. . .213	
1173 読書	. . .213	
1174 独創性	. . .213	
1175 得点主義	. . .213	
1176 年上の部下	. . .214	
1177 歳だから	. . .214	
1178 トータルサービス	. . .214	
1179 トップ	. . .214	
1180 トップダウン	. . .214	
1181 トップの実力	. . .214	
1182 トップの発言	. . .214	
1183 留める	. . .214	
1184 共働き	. . .215	
1185 友引	. . .215	
1186 トラブル	. . .215	
1187 とりあえず	. . .215	
1188 トリプル営業同行	. . .215	
1189 努力	. . .215	
1190 努力文	. . .216	
1191 トレーナー	. . .216	
1192 泥臭い	. . .216	
1193 鈍感	. . .216	
1194 どん底	. . .216	
な	1195 内勤者	. . .216
1196 内定	. . .217	
1197 内定者	. . .217	
1198 内部管理	. . .217	
1199 なかなか変えられない		
	. . .217	
1200 仲間	. . .217	
1201 内部費用	. . .218	
1202 情け	. . .218	
1203 何気ない一言	. . .218	

1204 生意気 ...218
1205 名前 ...218
1206 生データ ...218
1207 七精神 ...219
1208 悩み ...219
1209 なんとかしよう ...219
1210 なんにもしない ...219
1211 ナンバー・ツー ...220
1212 ナンバー・ワン ...220

に 1213 におい ...220
1214 苦手 ...220
1215 憎まれ役 ...220
1216 逃げない ...220
1217 逃げる ...220
1218 ニコニコ ...221
1219 ニーズ ...221
1220 二世 ...221
1221 日用品 ...221
1222 日本一 ...221
1223 入社(1) ...221
1224 入社(2) ...222
1225 入社前 ...222
1226 ニュース ...222
1227 2・6・2の原則 ...222
1228 人気商品 ...222
1229 人間 ...223
1230 人間関係 ...223
1231 人間性尊重 ...223
1232 人間的魅力 ...223
1233 人間の差 ...223
1234 認知経路 ...223

ぬ 1235 抜き打ちチェック ...223
1236 ヌケ・オチ ...224
1237 ぬるい ...224

ね 1238 値上げ ...224
1239 猫に小判 ...224
1240 値下げ ...224
1241 値上げ交渉 ...224
1242 熱意 ...225
1243 熱心 ...225
1244 根抵当 ...225
1245 値引き ...226
1246 根回し ...226
1247 年計 ...226
1248 年計グラフ ...227
1249 ネーミング ...228
1250 年功序列 ...228
1251 年度計画 ...228

の 1252 納期 ...228
1253 ノウハウ ...229
1254 納品 ...229

1255 能力 ...229
1256 能力差 ...229
1257 能力主義 ...229
1258 伸びる会社 伸びない会社 ...229
1259 飲みニケーション ...229
1260 ノルマ ...230

は 1261 はい(1) ...230
1262 はい(2) ...230
1263 敗者 ...231
1264 バイタリティ ...231
1265 配置換え ...231
1266 生え抜き ...231
1267 葉書 ...231
1268 爆弾 ...231
1269 博打 ...231
1270 パクリ ...232
1271 パクリウォーカー ...232
1272 迫力 ...232
1273 馬券 ...232
1274 恥 ...232
1275 バージョンアップ ...232
1276 柱 ...233
1277 バスウォッチング ...233
1278 働く ...233
1279 ×（バツ） ...233
1280 発見 ...233
1281 抜擢(1) ...233
1282 抜擢(2) ...234
1283 発展 ...234
1284 派手 ...234
1285 話し方 ...234
1286 離れる ...234
1287 派閥 ...235
1288 パーフェクト ...235
1289 早帰り ...235
1290 腹が立つ ...236
1291 パレートの法則 ...236
1292 パレート分析 ...236
1293 パワハラ ...236
1294 繁栄 ...236
1295 反省 ...236
1296 反対 ...237
1297 判断 ...237
1298 判断基準 ...237
1299 判断ミス ...237
1300 判断力 ...237
1301 販売 ...237
1302 販売促進 ...237
1303 販売促進費 ...238
1304 販売の形態 ...238

1305 販売の方法	. . .238	
1306 販売網	. . .238	
1307 反発	. . .238	
1308 パンフレット	. . .238	
ひ 1309 ＢＩツール	. . .239	
1310 比較	. . .239	
1311 引き継ぎ(1)	. . .239	
1312 引き継ぎ(2)	. . .239	
1313 引き抜き	. . .239	
1314 卑怯	. . .239	
1315 悲惨	. . .240	
1316 ビジネス	. . .240	
1317 ビジネスパートナー	. . .240	
1318 非常識	. . .240	
1319 非常事態	. . .240	
1320 引越し	. . .240	
1321 否定	. . .240	
1322 ＰＤＣＬＡサイクル	. . .241	
1323 ＰＱ	. . .241	
1324 人	. . .241	
1325 人が育つ	. . .241	
1326 人手不足	. . .241	
1327 人に聞く	. . .241	
1328 人の話	. . .241	
1329 人を大切にする	. . .241	
1330 一人あたりの生産性	. . .242	
1331 人を見る目	. . .242	
1332 批判	. . .242	
1333 備忘価格	. . .242	
1334 非凡	. . .242	
1335 暇がある	. . .242	
1336 評価	. . .243	
1337 評価期間	. . .243	
1338 評価基準	. . .243	
1339 評価事項	. . .243	
1340 評価シート	. . .243	
1341 評価尺度	. . .243	
1342 評価項目	. . .244	
1343 病気	. . .244	
1344 表敬訪問	. . .244	
1345 標準化	. . .245	
1346 表情	. . .245	
1347 評判	. . .245	
1348 評論家	. . .245	
1349 広く浅く	. . .245	
1350 便束整理	. . .245	
1351 敏速	. . .245	
1352 ピンチ	. . .245	
1353 ピラミッド型組織	. . .246	
ふ 1354 ファシリテーター	. . .246	
1355 ファックス	. . .246	

1356 不安	. . .246
1357 不安定	. . .247
1358 フィードバックレポート	. . .247
1359 風景	. . .247
1360 部下	. . .247
1361 付加価値	. . .247
1362 部下指導	. . .247
1363 部下の望む上司	. . .247
1364 部下レコーダー	. . .248
1365 普及率	. . .248
1366 不況	. . .248
1367 部下の面倒を見る	. . .248
1368 復習	. . .248
1369 復唱	. . .248
1370 含み資産	. . .249
1371 福利厚生	. . .249
1372 不幸	. . .249
1373 不正	. . .249
1374 部長	. . .249
1375 普通の人	. . .249
1376 不満	. . .249
1377 不都合な情報	. . .250
1378 不満足	. . .250
1379 ブーム	. . .250
1380 部門間調整	. . .250
1381 プライド(1)	. . .250
1382 プライド(2)	. . .250
1383 プラス発想	. . .251
1384 プラス評価	. . .251
1385 ブラックさん	. . .251
1386 ブランド	. . .251
1387 振替休日	. . .251
1388 振り返り	. . .251
1389 不良在庫	. . .251
1390 古株	. . .252
1391 プロ	. . .252
1392 プログラム	. . .252
1393 プロジェクト計画	. . .252
1394 プロの考え方	. . .252
1395 分業	. . .253
1396 文書	. . .253
1397 粉飾決算	. . .253
1398 文書作成	. . .253
1399 分析	. . .253
へ 1400 平穏	. . .254
1401 平均	. . .254
1402 ベテラン	. . .254
1403 ペルソナ	. . .254
1404 変化	. . .254
1405 弁解	. . .254

1406 変革		..255
1407 勉強		..255
1408 変更		..255
1409 返事		..255
1410 ベンチマーキング		..255
ほ 1411 ボイスメール		..255
1412 冒険		..256
1413 報告		..256
1414 報告が速い		..256
1415 方針		..256
1416 報告書		..257
1417 方針書		..257
1418 訪問		..257
1419 訪問回数		..257
1420 訪問活動		..257
1421 訪問計画		..258
1422 訪問回数の法則		..258
1423 訪問件数		..258
1424 訪問販売		..258
1425 ほうれんそう		..259
1426 補助		..259
1427 ポスター		..259
1428 ほどほど		..259
1429 ボトムアップ		..259
1430 ほめ方		..259
1431 ほめる		..260
1432 ボロ会社		..260
1433 ホワイトさん		..260
1434 本気		..260
1435 ボンクラ		..260
1436 凡人		..260
1437 本当のこと		..260
1438 本音		..260
ま 1439 マイナス		..260
1440 マイページ		..261
1441 マイページPlusのタグ付け		..261
1442 マイペース		..261
1443 前置き		..261
1444 前向きに検討		..261
1445 任せる		..262
1446 増分利益		..262
1447 負け		..262
1448 マーケット		..262
1449 真面目		..262
1450 待ち合わせ		..262
1451 間違い		..263
1452 的はずれ		..263
1453 学ぶ		..263
1454 間に合わせる		..263
1455 マニュアル		..263
1456 真似		..264
1457 マネジメント		..264
1458 守り		..264
1459 マルコポーロ		..264
1460 守ろう		..267
1461 迷い		..267
1462 満足		..267
1463 マンツーマン		..267
1464 万引き		..268
み 1465 身内		..268
1466 見える化		..268
1467 磨く		..268
1468 見切り発車		..268
1469 見方		..268
1470 見込み違い		..269
1471 ミス(1)		..269
1472 ミス(2)		..269
1473 水商売		..269
1474 ミスマッチ		..270
1475 見せる化		..270
1476 未然防止		..270
1477 身だしなみ		..270
1478 道を教える		..270
1479 ミッション・ビジョン・バリュー		..271
1480 見積書		..271
1481 見通し		..271
1482 身につく		..271
1483 見抜く		..271
1484 認められない		..272
1485 見栄え		..272
1486 見本		..272
1487 未来		..272
1488 魅力		..273
1489 無関心		..273
1490 見る		..273
む 1491 武蔵野人持ち物セット		..273
1492 武蔵野の創業		..274
1493 無視		..274
1494 無借金		..274
1495 難しい		..274
1496 無責任		..275
1497 無駄づかい		..275
1498 夢中		..275
1499 無理		..275
1500 無料		..275
め 1501 明確		..275
1502 名刺		..275
1503 名社長		..275
1504 名人		..275

	1505 明文化	...276
	1506 名簿	...276
	1507 名誉職	...276
	1508 命令	...276
	1509 メインバンク	...276
	1510 めくる	...277
	1511 目先	...277
	1512 目立つ	...277
	1513 目玉	...277
	1514 メモ	...277
	1515 メモリー	...277
	1516 面接	...277
	1517 面談	...278
	1518 メンテナンス	...278
	1519 面倒	...278
	1520 面倒くさい	...278
も	1521 目的	...278
	1522 目標	...278
	1523 モチベーション	...278
	1524 もったいない	...279
	1525 もっとよい方法	...279
	1526 物事	...279
	1527 モンスター社員・ モンスターパート等	...279
	1528 問題(1)	...279
	1529 問題(2)	...280
	1530 問題意識	...280
	1531 問題解決	...280
や	1532 やさしさ	...280
	1533 矢印	...280
	1534 野心	...280
	1535 安い	...280
	1536 安請け合い	...281
	1537 やってはいけないこと	
		...281
	1538 やってみせる	...281
	1539 やな奴	...281
	1540 破る	...281
	1541 やりがい	...281
	1542 やり直し	...282
	1543 やる気	...282
	1544 やること	...282
	1545 やればできる	...282
	1546 やれ、やるな	...282
ゆ	1547 結納	...282
	1548 優越感	...282
	1549 勇気	...282
	1550 有給休暇	...283
	1551 有言実行	...283
	1552 優秀	...283
	1553 優秀なセールスマン	...283

	1554 優秀な人	...283
	1555 優柔不断	...283
	1556 優先順位	...284
	1557 有能	...284
	1558 有能な使われ人	...284
	1559 油断	...284
	1560 ゆっくり速く	...284
	1561 ゆとり世代	...284
	1562 夢	...284
	1563 夢に数字を入れる	...285
	1564 夢の共有	...285
よ	1565 良いこと	...285
	1566 良いこと聞いたら即実行	
		...285
	1567 良い社長 悪い社長	...285
	1568 良い先生	...285
	1569 良い方法	...286
	1570 良いもの	...286
	1571 要員	...286
	1572 用心深い	...286
	1573 予感	...286
	1574 横展開	...286
	1575 予算	...286
	1576 与信管理	...287
	1577 予測	...287
	1578 世の中	...287
	1579 余裕	...287
	1580 喜び	...287
	1581 弱い	...288
	1582 弱気	...288
ら	1583 ライバル	...288
	1584 ライバル対策	...288
	1585 ラウンドナンバー	...288
	1586 楽になる	...288
	1587 ラミネート	...288
	1588 ランチェスター戦略	...288
り	1589 利益	...289
	1590 利益計画	...289
	1591 利益責任	...289
	1592 理解	...289
	1593 理解度	...289
	1594 リスク	...289
	1595 リスク管理	...290
	1596 リスト	...290
	1597 理想	...290
	1598 リーダー	...290
	1599 リーダーの条件	...290
	1600 立派な会社	...290
	1601 率より額	...290
	1602 理念	...291
	1603 理不尽	...291

	1604 理由	. . .292
	1605 立地	. . .292
	1606 留意する	. . .295
	1607 流動資産	. . .295
	1608 流動負債	. . .295
	1609 旅行	. . .295
る	1610 類似品	. . .295
	1611 留守番	. . .296
	1612 ルート順変更	. . .296
	1613 ルートマン	. . .297
	1614 ルール	. . .297
れ	1615 礼	. . .297
	1616 例外	. . .297
	1617 例外否認	. . .297
	1618 礼儀	. . .298
	1619 零細企業	. . .298
	1620 歴史	. . .298
	1621 レビュー	. . .298
	1622 レベルアップ	. . .298
	1623 練習	. . .298
	1624 連絡	. . .298
	1625 レンタルビジネス	. . .298
ろ	1626 ロイヤルカスタマー	. . .299
	1627 老化現象	. . .300
	1628 ロードマップ	. . .300
	1629 ロープレ	. . .300
	1630 論理的	. . .300
わ	1631 若返る	. . .300
	1632 わが社の顔	. . .300
	1633 わかっているけど	. . .300
	1634 わがまま	. . .301
	1635 わが身第一	. . .301
	1636 わが家の社長	. . .301
	1637 わからない(1)	. . .301
	1638 わからない(2)	. . .301
	1639 わかりやすい	. . .302
	1640 わかる	. . .302
	1641 和談	. . .302
	1642 笑い	. . .302
	1643 悪いこと	. . .302
	1644 悪口	. . .302
	1645 ワンマン経営	. . .303

著者：小山昇

（こやま・のぼる）

株式会社武蔵野 代表取締役社長

1948年山梨県生まれ。東京経済大学を卒業し、日本サービスマーチャンダイザー株式会社（現在の株式会社武蔵野）に入社。一時期、独立して自身の会社を経営していたが、1987年に株式会社武蔵野に復帰。1989年より社長に就任して現在に至る。2001年から中小企業の経営者を対象とした経営コンサルティング「経営サポート事業」を展開。700社以上の会員企業へ、「実践経営塾」「実践幹部塾」など、全国各地で年間240回以上の講演・セミナーを開いている。2001年度「経済産業大臣賞」、2004年度、経済産業省が推進する「IT経営百選最優秀賞」をそれぞれ受賞。2000年、2010年には「日本経営品質賞」を受賞している。

主な著書に『新版 経営計画は1冊の手帳にまとめなさい』『99％の社長が知らない会社の数字の使い方』（KADOKAWA）、『1％の社長しか知らない銀行とお金の話』（あさ出版）などがある。

株式会社武蔵野　経営サポート事業本部
http://www.musashino.co.jp
e-mail：k-support@musashino.jp
電話：0120-85-6340　FAX：0120-28-6340
〒184-0011　東京都小金井市東町4-33-8

仕事ができる人の心 得【改訂4版】

2025年2月10日　初　　　版
2025年2月27日　初版第2刷

著　者　　小山　昇
発行者　　菅沼博道
発行所　　株式会社CCCメディアハウス
　　　　　〒141-8205 東京都品川区上大崎3丁目1番1号
　　　　　電話　049-293-9553（販売）
　　　　　　　　03-5436-5735（編集）
　　　　　http://books.cccmh.co.jp

印刷・製本　　文唱堂印刷株式会社

©Noboru Koyama, 2025
Printed in Japan
ISBN978-4-484-22122-9

落丁・乱丁本はお取替えいたします。
無断複写・転載を禁じます。